U0498468

书山有路勤为径，优质资源伴你行
注册世纪波学院会员，享精品图书增值服务

名师名校系列丛书

上好一堂
数 学 课

小学数学结构化
课程设计

陈素琴·著

电子工业出版社·
Publishing House of Electronics Industry
北京·BEIJING

图书在版编目（CIP）数据

上好一堂数学课：小学数学结构化课程设计/陈素琴著. —北京：电子工业出版社，2023.4
（名师名校系列丛书）

ISBN 978-7-121-45461-5

Ⅰ.①上… Ⅱ.①陈… Ⅲ.①小学数学课—课堂教学—教学研究 Ⅳ.① G623.502

中国国家版本馆 CIP 数据核字（2023）第 069039 号

责任编辑：刘琳琳
印　　刷：河北鑫兆源印刷有限公司
装　　订：河北鑫兆源印刷有限公司
出版发行：电子工业出版社
　　　　　北京市海淀区万寿路173信箱　　邮编100036
开　　本：720×1000　1/16　　印张：12.5　　字数：168千字
版　　次：2023年4月第1版
印　　次：2023年4月第1次印刷
定　　价：49.00元

凡所购买电子工业出版社图书有缺损问题，请向购买书店调换。若书店售缺，请与本社发行部联系，联系及邮购电话：（010）88254888，88258888。

质量投诉请发邮件至zlts@phei.com.cn，盗版侵权举报请发邮件至dbqq@phei.com.cn。

本书咨询联系方式：（010）88254199，sjb@phei.com.cn。

推荐序

多年来，陈素琴老师在北京市朝阳区这块教育的沃土中成长进步，她在小学数学教育实践中积累了丰富的工作经验。她积极参与小学数学教学改革实践，虚心好学，特别是认真学习著名特级教师马芯兰的教育思想，独具匠心地开展小学数学教学改革实验，为孩子们开启了一扇通向数学世界的大门。

陈素琴老师认为，数学教育的目的不是为了简单地让学生掌握某些技能和知识，更重要的是启发学生的思维和创造力。她采用了一系列创新的教学方法和手段，如数学绘画、数学游戏、数学故事等，使数学学习变得生动有趣，让学生在自由、开放的氛围中体验到了数学的美妙之处，激励了学生的兴趣和自信心。

陈素琴老师虚心向马芯兰老师学习，进行小学数学结构化整合，努力培养学生的创造性思维和自主学习能力，让学生在学习中发现问题、解决问题，不断地自我完善，发展学生的思维能力。

阅读陈素琴老师的《上好一堂数学课——小学数学结构化课程设计》，朴实的文字、独特的思考、大胆的实践，将数学内容结构化，为孩子们提供了高质量的课堂生活，我很受启发。

陈素琴老师在书中指出了当下数学课堂教学中的一些问题，如忽视学生的自主能力差异，忽视不同层次学生的素质差异，学习方式没有兼顾个体，课堂提问没有体现层次性，忽视学生个性、缺少合作交流，评价标准单一、缺乏丰富性，作业形式机械重复、缺乏弹性，忽视学生学习习惯的养成，课堂教学中没能进行内容的结构化整合，学生获得的知识是零散的、缺少整体结构。她根据小学数学教学中的问题，积极进行改革实践，为我们提供了宝贵的经验。

小学数学虽然知识简单，但系统庞大、内容丰盈，涉及几百个知识点，需要成百上千节课来完成，很多时候我们习惯了一节一节课"单打一"地平均使用力量，忽视了要在单元整体视角下系统地设计和思考。在教学中，教师只是按照一个个知识点去教，学生按照一个个知识点去学，这些零散的、碎片化的知识点在学生头脑中无结构、无系统、无逻辑，导致学生在陌生的新情境下解决问题时，不能很快建立关联，不能准确地提取知识和应用，更不能实现迁移。

小学数学知识的系统性强，知识之间有着天然的结构，旧知识是新知识的基础，新知识是旧知识的发展，环环相扣，组成一个互相联系的整体，即"结构"。教学中就是要抓住数学本质，沟通知识之间的内在联系，凸显数学内容的系统和结构。美国教育心理学专家布鲁纳提出"每门学科都有它的基本结构，掌握结构是教师的第一要务。""学习结构就是学习事物是怎样相互联系的。"的确，数学是有联系的，数学是有结构的，数学是有系统的。繁杂的知识中一定会有一些核心的概念统领，教师应抓住关键要素，将零散的、碎片化的数学知识建成整体化、系统化、逻辑化的知识结构。

对任何新知识的学习都是在原有的学习基础上产生的，不受原有认知结构影响的学习几乎是不存在的。弄清了知识的前后联系，可以充分借助学生已有的知识基础来教学，这种"以旧引新"的教学方式，不但帮助学生理解了新知，更让学生体会到知识间的密切联系，为后面形成知识结构奠定基础。小学数学教学是一项复杂而有意义的培育人的重要工程，需要我们每位教师在常态的教学中潜心探索，努力建好小学数学的"承重墙"，打通知识之间的"隔断墙"，使学生掌握知识的基本结构，以提取出的少量主题实现深度覆盖，让结构彰显知识间丰富的联系。通过这样的学习，学生才能更长久地保存信息、更深入地理解概念、更有效地解决问题；通过这样的学习，学生才能举一反三、触类旁通、实现迁移、促进发展。

陈素琴老师正是在教学实践中进行着积极的探索，她提出，一堂好课并不仅仅在于任务完成得如何完美、方法策略如何多样、学生配合得如何流畅、课堂容量如何丰满，而在于学生有没有问题生成的情境、有没有精彩观点的表达机会、有没有思维碰撞的机遇和思想的闪现。她还提出，一堂真正有生态意义的教学，就像自然界的生物链一样，不可随意打破。但是事实是，我们很多教师却不经意或故意去打破它，一堂好端端的学习思维之旅，时常被无情地打扰，真正有意义的深度学习和批判性、创造性思维不能真正发展。

陈素琴老师鼓励学生运用批判性、创造性的思维去进行质疑，鼓励学生在知识的学习中提出问题、探查假设、寻求合理性；要求教师要转变自己的思维，从常规思维转向反思性和批判性思维，宽容学生的错误，把课堂上的错误当作教学的资源，始终不去控制学生；要求学生也要学会做自己思维的主人，不畏权威、不受束缚，努力创造自己的合理思维秩序。

陈素琴老师关注学生个性差异，关注不同学生不同的学习需求，研究学生现有的学习习惯基础，开展教学策略探索的实践。她把学生的差异性视为一种财富加以开发，使每个学生在原有的基础上都得到全面、自由的发展。她精心设计课堂教学目标，探索总结出提高课堂教学效益的策略。

陈素琴老师的实践探索与研究，给我们一线教师提供了一些可以借鉴的方法和路径，值得我们学习和分享。我们也真诚地希望陈素琴老师进一步更加深入地研究实践，为孩子们提供高质量的课堂学习生活，促进孩子们幸福成长。

吴正宪

2023年5月6日

自序

小学生到底应该学习什么样的数学？

他们眼中的数学又是什么样的呢？

儿童数学教学的基本目标是什么？

数学教学活动的本质是什么？

这些是萦绕在我脑海中挥之不去的问题，是我从事小学数学教学工作二十余年来一直思考的问题。数学是什么？数学教学活动的本质是什么？对儿童而言，数学又意味着什么？或许在很多人看来，这些问题不重要，但对这些基本问题的思考和追问，是我从事小学数学教学、不断提升自己专业素养的驱动力。

记得我参加工作后的第3个月，有一天，一位家长找我了解孩子的学习情况。她家孩子的数学成绩不是很理想，上课不太专注、不爱动脑，也不爱回答问题。于是，我把这些情况如实地告诉了家长。没想到家长听了我的话后沉着脸对我说："孩子在课堂上常开小差，不爱思考、不喜欢学习，怪谁呢？老师把知识讲清楚、多练习，孩子的成绩怎么会提高不了？我很想看看我的孩子在数学课上是怎么学的，听听您是怎么上数学课的。"

这几句话把我这个初上讲台的新教师给镇住了，只记得当时自己呆立着，恍如一个犯了错的孩子，无言以对。

也许是新教师没有经验让家长缺乏信心，也许是过于直接的表达触碰了家长的神经，也许是家长认为我在推卸责任，也许是家长眼中自己的孩子是最聪明的……总之，不管是什么原因，可以确定的是，家长对我的数学教学不满意。

那一刻，一个强烈的愿望涌上心头，我第一次迫切地感觉到我的专业能力必须快速提升，似乎也突然明白了教书真不是在"过家家"，上数学课也不像逛商店自由买卖那么简单！数学课到底该怎么上？孩子上课不专心怪谁呢？数学就只是多记、多练吗？家长不满意怎么办呢？

我意识到每堂数学课都是孩子们一段珍贵的生命历程，每个孩子都是家长寄予厚望的"家庭未来"。我当时拟的目标清单是：数学课应该上得有趣，让孩子不走神才好；数学课应该上得有用，让孩子不走进"题海战"才好；数学课应该上得有劲儿，让孩子上了还想上才好。从那天开始，我突然觉得，我应该成为一个上好每堂数学课的老师，一个不让学生在数学课上走神的老师，一个让孩子因数学课而爱上数学的老师。

"让孩子喜欢数学课，学得专心、学得轻松、学得聪明。""以生为本，以学定教，顺学而导"不仅是一种永远散发生命活力的教学理论，也是一种教学模式，其核心内涵就是在对学生学习过程和结果全面解读后，把核心性的学习交还学生，让学生走向学习的核心，使学生成为真正的主人，成为知识的"再创造者"。

在数学课堂上教授孩子眼里的数学，首先要改变教师自己。

专家给我的启示

这些年来不断地听课、学习和拜访教育名家，我发现小学数学领域的专家和有经验的教师对小学生应学习什么样的数学，到底应该怎样学习数学有着独到的见解，不断为在实践道路上执着前行的我带来新启示。

从整体上把握小学数学，着眼点很多，要想理出头绪、抓住重点，"放眼长远、注重长效"最重要。

　　　　——孙晓天　中央民族大学教授，《义务教育数学课程标准》

研制组负责人

让儿童享受"好吃又有营养"的数学。让小学生学有趣的数学，让小学生学与生活有联系的数学，让小学生学能听得懂的数学，让小学生学不太严格的数学。

　　　　——吴正宪　北京市教育科学研究院基础教育研究中心

小学数学教研室主任，特级教师

让教学散发出迷人的文化品格。小学数学教育的原点——数学的文化品格；小学数学教育的逻辑起点——数学文化品格的启蒙；小学数学教育的逻辑框架——用数学思想来统领教学；小学数学思想统摄的逻辑路径——数学家精神的还原。

　　　　——李铁安　中央教育科学研究所数学教育专业博士

别让数学教学沦为解题教学。

　　　　——陈清容　深圳市南山区教研室教研员

每道题都是有生命的。一道好题富有生命活力，给学生以启迪，读懂题目的过程，其实也是读懂题目思维的过程。和不会说话的题目打交道，挖掘每道题的生命力，更需要我们有宁静的心、思考的脑、探究的力。

　　　　——孙家芳　北京市朝阳区教育研究中心教研员

数学会给孩子们留下什么？除了知识和技能，数学学习还能给孩子们留下些其他东西吗？——留下意识、留下思想、留下经验、留下习惯、留下快乐。

——朱德江　浙江省嘉兴市南湖区教研室副主任，特级教师

知道不等于真理解，有过程的教学促进学生高水平的理解。

——刘加霞　北京教育学院数学系副教授

训练也是学习。训练是提高计算能力的技术手段，但并不一定是科学手段。教师应当改进教学，关注学生的已有经验，关注学生的困惑，在此基础上设计教学。引导寻"根"究"理"，让学生真正参与到知识的探索中。设计情境，让学生钟情练习；适时点拨，增强练习实效性；跟上时代，不做超标练习；加强教师在学生练习中的指导作用，使练习走向科学。

——任景业　山东省茌平县杜郎口中学教师

名师给我的启示

从教十几年，依然记得在崇文小学第一次领略柏继明老师的教学风采的情景。当时我眼前一亮，为之一振。

柏老师的人和课都给了我很深的印象和启示。何谓风采？何谓个性？柏老师让我深思。名师所表现出来的先进思想与理念、新颖的数学教学设计、出色的语言艺术及课堂上浓厚的文化气息，都是值得我好好消化与吸收的精髓。但我不能每招每式都依葫芦画瓢，而应"仿"出自己的个性，"仿"出自己的风采。

课堂上的一个个精彩瞬间，至今仍历历在目。

柏老师：我们中国有句老话叫"掐指一算"。那今天我们要让这手指帮我们算什么呢？来，伸出你们的手，看看5根手指之间有几个空。这空啊，我们叫它"间隔"。

生：（略。）

柏老师：那3根手指有几个间隔？4根手指呢？

生：（略。）

柏老师：手指数与间隔数之间有什么关系呢？

生：（略。）

柏老师：手指数−1=间隔数。

……

柏老师：我家门前有一条马路，马路两边各栽了15棵树，每两棵树之间的间隔是3米，你们能求出这段路的全长吗？

生：3×（15−1）=42（米）

柏老师：你们为什么不用3×15呢？树与手之间有什么关系吗？

……

正是在对话中，柏老师把在自己家门前种树、树长大后送到加工厂加工、回家上楼梯、家里的钟打点等情境自然地贯穿起来，既不让学生感到突兀，又把这几种看似不同、却令小学生头疼的数学问题巧妙地用"手指"联系在一起，在欢乐的气氛中传授给孩子一个小窍门——如果糊涂了，就赶快伸出手指来想一想。

听课后我所得颇多，主要有以下两点：一是要了解学生，选择突破点，精心设计。间隔数与间隔的米数（即间距）的问题我在上课时很少思考到这样的深度。二是通过这节课，柏老师其实点出了这节课要突破难点的关键所在，除了"间隔数"与"间隔的米数"这两个概念应明确区分之外，还应举出典型数目的例子，包括怎样选数更容易突破难点等，这些都凝聚着老师的心血，给了我很多启示。

我们要崇拜名师，学习名师，同时还应保留自我。把名师的优秀思想与课程设计充分吸纳、升华，在此基础上再创造、再提升，使自己不断提高与进步，才能领悟"学"的真正内涵。

反观其他课堂，有多少教师只是精心设计了一个"探究"的陷阱，让心不甘、情不愿的学生往里跳？有多少老师只注重了探究的形式，而让课堂变成个别学生的"表演秀场"？有多少教师知道学生心里究竟对什么感兴趣？又有多少老师还未问过学生对探究结果是否满意，探究就戛然而止？……我们看到更多的是教师经验不足，发散之后有点"覆水难收"，那是因为探究的目的不够明确；不会倾听是因为探究的过程性评价体系没有建立；让学生成为"过客"宣告了教师确立的探究内容没有面向全体学生；而对"探究结果的学生满意度"的忽略，往往使探究仅仅成为课堂上的一种形式。

我想，无论是数学课堂，还是教育活动，数学教师都要在教学上找到"自我"，以自己独特的职业视野打造精彩的课程，使自己的教学闪耀睿智的光彩；要以自己的亲和力吸引学生，以自己的感召力感染学生，以自己的创造力激发学生，从而和学生一起沉浸于课堂，做到"人课合一"。努力寻找出每一次教育和教学活动的独一无二之处，自然地形成和发扬自己的教学风格，让课堂成为师生个性飞扬的舞台。

小学数学课程要面向全体学生，适应学生个性发展的需要，使人人都获得良好的数学教育，让不同的孩子在数学上都能得到发展。关注学生的个体差异，有效地实施有差异的教学，使每个学生都得到充分的发展。我们的教学必须面向全体学生，使每个学生既获得必需的基础知识与基本技能，也获得数学思考的方法和解决问题的途径与策略。让每个学生都形成良好的情感与态度，如良好的学习习惯、克服困难的勇气，让学生形成正确的价值观。要让每个学生不光学到知识，更重要的是学到做人应有的态度。

在应试教育面前，我们的数学教育工作不同程度地存在着抓"尖子生"、忽视"学困生"的现象，这既不符合素质教育的要求，也严重影响着学生整体数学素养的提高。数学教学一定要面向全体学生，重心下移，从最后一名学生抓起，才能做到"水涨船高"。学生智力存在差异是客观事实，因此要分层，使每个学生都能在原有的基础上提高，获得成功。最终要让每个孩子都形成建立在自我意识发展基础上的"能学"、建立在内在学习动机基础上的"想学"、建立在掌握了一定的学习策略基础上的"会学"、建立在意志和努力基础上的"坚持学"。

基础教育面临着有史以来最为深刻的变革，提高学生的学科核心素养特别是创新能力，是教育对知识经济时代挑战的有力应答。作为北京市朝阳区示范学校，垂杨柳中心小学馨园分校的教学工作是学校工作的重要组成部分，如今"质量"的提高已经成为中心工作之一，并且需要进一步发展。落实到我们基层的教学研究工作中，则是扎扎实实地落实《义务教育课程标准（2022年版）》（简称新课标）的精神，需要在关注学生个性发展的基础上使全体学生全面发展。学校实施个性学科管理、学科主任深入教学一线，这是开展课题研究的良好契机。

总之，面对新课程改革的挑战，我们必须转变教育观，多动脑筋、多想办法，密切关注数学与实际生活的联系，使学生从生活经验和客观事实出发，在研究现实问题的过程中使用数学、理解数学和发展数学思维，轻松愉快地学数学。

目录

个性差异——关注个性差异，提高教学能效

第一章

本章导读

　　独特性是个体的本质特征，它也意味着差异性。在数学教学中，教师应关注学生个性差异和不同学习需求，研究学生现有的学习习惯基础，在分析学生现有水平的基础上，精心设计课堂教学，探索提高学生课堂学习效果的策略，把学生的差异性视为一种财富资源加以开发，使每个学生都在原有的基础上得到全面、自由的发展。本章着重描述在关注学生个性差异方面开展教学策略探索的实践，并提出解决问题的方法和建议。

"孩子是由一百种组成的。孩子有一百种语言，一百双手，一百个想法，一百种思考、游戏、说话的方式。一百种，总是一百种倾听、惊奇和爱的方式。一百种歌唱与了解的喜悦……"

这是意大利教育家罗里斯·马拉多奇所写的一首诗，是写给孩子的，也是写给父母和教师的。这首诗为我们打开了一扇门，儿童世界的多彩与神奇就这样徐徐展开。但是不知道有多少人能够心怀敬畏地去看待那一个个小家伙的世界。儿童的一百种语言，我们听懂了吗？

作为一线教师，研究数学的最根本目的，是为了更好地开展数学教学。面对一群充满生命活力和无限潜能的个体，教师应当让每个独立的生命体在数学学习中自我发展，从而领悟数学的意义，这也应该是课堂教学的远大追求目标。

很多时候，低效的数学教学是因为教师被教材束缚了思想和手脚。他们的着眼点和着力点都在对教材的执行上，而很少关注学生学习的过程。他们以"教材为中心"、以"教师为主体"，教学过程中有许多陋习——许多教师仅仅传授学生知识，并不关注学生个体，没有关注学生的"个性思考与需求"。

这种忽略数学学习中学生个体生命存在的教师，其自身的职业生涯发展也一直被抑制着。这既不利于学生的持续学习，也不利于教师的专业发展。学生和教师作为独立的生命个体，具有充分的创造性和生长性。因此，数学教学的目标不应局限于传递数学知识或结论，而应更加关注学生个体作为社会中的人的发展，特别是学生个性化的差异需求。

达尔文曾经说过，"世界上没有两片完全相同的叶子"，生命体之间的各方面都存在着差异。同样，作为生命个体的学生也毫无例外地存在着发展上的差异。除先天因素以外，家庭教育、网络媒体、课外补习等多种因素的介入，使当今学生之间的差异相对于过去变得更大。有些刚进校的一年级学生可能已经会做乘法运算，但也有个别学生还没有学会加减法的运算。这既意味着学生与学生之间差异的客观存在，也意味着每个学生都具有独特性。

然而，教学实践中往往忽视这些差异的客观存在，常常出现两种极端情况：一是有些教师为了演绎"教案剧"，对学生之间的差异视而不见，只关注少数"主角"而忽略和冷落了大部分"群众演员"和"观众"；二是有些教师为了追求合格率而期望消灭学生间的差异，往往以牺牲一部分学习好的学生的发展为代价来换取另一部分学习困难学生的进步。显然，这些老师对学生个体之间的"差异性"认识不足，不是把"差异"看作教育教学资源，而是看作"灾难"，所以千方百计地去消灭"差异"，而不在全面了解的基础上深入挖掘学生的"差异"，发展"差异"，使不同的学生学习不同水平和层次的数学，从而使每个学生的数学素养都在自己原有的基础上得到最好的提升。

第一节　被忽视的差异性需求

我们都知道在课堂教学中，教师应尊重学生的人格，关注个性差异，满足不同学生的学习需要，创设能引导学生主动参与的教育环境，激发学生的学习积极性，培养学生掌握和运用知识的态度和能力，使每个学生都得到充分的发展。

要做到这些，就必须承认学生发展存在着差异性，让每个学生都在原有基础上、在不同起点上获得最好的发展；同时也要承认学生发展的独特性，尽可能发挥每个学生的聪明才智，尽力捕捉他们身上表现出的创新火花，让每个学生都形成自己鲜明的个性。

因此在课堂教学改革中，往往需要根据不同的教学内容以及学生的智能结构、学习兴趣、学习倾向和学习方式的不同特点，灵活地选择和创设多种多样的能够使每个学生都得到全面充分、自由发展的教学方式和方法。但是目前忽视学生存在的客观差异的课堂教学还是普遍存在的。随着时代的发展、基础教育课程改革的推进，有必要深入课堂教学的内部，从关注学生个性差异的角度分析目前教学中存在的常见问题。

目前教学中存在的问题主要表现在以下几方面。

一、忽视学生自学能力差异，统一布置课前预习任务

很多数学教师布置课前预习作业时，没有提出具体的要求或提出了过于统一的要求，忽视了不同学生不同的自学能力，导致大多数学生对预习不感兴趣或预习效果较差，预习成了形式主义。其实，课前预习不但有利于培养学生终身受益的自学能力，还能为学生养成良好的学习习惯打下基础。要想使学生对预习感兴趣，使预习达到一定效果，教师必须根据学生的不同自学能力，对预习提出不同层次的要求。

二、忽视不同层次学生的素质差异，没有兼顾不同的学习方式

在日常数学课堂教学中，不少教师不顾班上学生的素质差异，要么从头到尾全部让学生采用发现式学习方式，要么全部让学生采用接受式学习方式。结果优生吃不饱，后进生吃不了，教师吃力不讨好，教学质量难以提高，教师教学的热情、学生学习的兴趣大减。教学有法，而无定法，贵在得法。判断学生学习方式优劣的标准，并不在于是接受式学习还是发现式学习，而在于所有学生是否真正成为课堂教学的主体，是否都在主动地

参与课堂教学。在日常课堂教学中，要根据学生的实际情况，面向全体学生，正视差异，合理选用教学方法，引导学生的学习方式，让不同的学生在学习上得到不同的发展。

三、忽视因人而异，课堂提问没有体现层次性

不少数学教师的课堂提问采用传统的填空式，一问一答，让人乏味。其实，课堂提问需要因人而异，体现层次性。针对学生理解能力、表达能力不同的情况，提问宜先易后难、先浅后深，并针对不同个性的学生设计不同问题。教师要提高提问的艺术水平，有时可缜密，有时可跳跃，有时可单刀直入，有时可迂回曲折，总的目的在于激发学生兴趣，促使学生积极思考。

四、忽视学生个性，缺少合作交流

在合作学习、集体讨论交流时，教学平淡低效，对学生个性、特长张扬不够是当下数学课堂的不良现象之一。在日常教学的合作、交流、学习环节中，要为每个学生创造平等的参与机会，让不同个性的学生发挥自己的特长，取长补短，学会尊重与欣赏他人，善于倾听他人的观点，互相配合，共同完成任务；在集体讨论时，学生能有个性地表达自己的思想。教师要满足不同学生的各种需要，让每个学生都得到充分的发展。

五、忽视学生分层，评价标准单一、缺乏丰富性

数学教师的评价标准不可单一，而应分层化，关注学生之间的差异性和发展上的不同要求，促进其在原有水平上提高和发展。同时评价要适度，要有利于学生今后的发展。教师要多用拇指、少用食指——多赞

赏、多关心，关注每个学生的兴趣、爱好、特长，肯定学生每一次微小的进步。

六、忽视不同学生的实际需求，作业形式机械重复、缺乏弹性

数学作业设计应从学生学习的实际需要出发，让学生感到学有所用，可以展示自己的才能，而不是使作业成为令人厌倦的负担。可以设计弹性作业，将作业分为必做题和选做题。必做题是要求每一个学生都必须掌握的"双基"，选做题供有余力的学生进行提升练习；另外也可提供具有信息多元性、条件不完全性、结论不确定性、解题策略多样性的开放题，让学生各展其长；还可设计一些实践性作业，让学生到生活中去调查统计、测量计算、设计创新。

从以上问题可以看出，在关注不同学生的差异需求方面，作为教师一定要根据学生的个性差异和不同学习需求，对不同程度的学生制定不同的教学目标，让每个学生有一个自己的"最近发展区"，经过努力，"跳一跳，摘到桃"，用一次次小成功来激励自己，发挥求知的内驱力，实现自己的学习目标。

教师必须重视课堂教学中学生之间客观存在的差异，树立"尊重差异、追求个性、宽容另类"的现代教学观念，大力培养他们的个性品质和独特特征，使学生的发展呈现丰富多样的势头。

作为一名教师，面对一个充满鲜活个性的群体，必须遵循这样的发展规律：老师教学必须以提升班级所有人的生命质量为目的；学生今天的发展，必须给明天留下更大的余地。诚然，教师不能十全十美地照顾到每个学生的个性差异，但只要用心去做了，就会领悟到课堂教学的真谛。

第二节 如何真正理解学生的个性差异

成熟的教师具有两种非常关键的智慧，即解读教材的智慧和解读学生的智慧。毫无疑问，解读学生的智慧是教师教学智慧的重要组成部分。事实上，解读本身并不新鲜，许多教师每天都在解读学生，从学生上课回答问题的情况、学生的作业表现、学生各阶段的测试结果等方面来解读。有效教学的前提是要了解学生的思维、他们已经掌握和尚未掌握的知识。然而，能够帮助教师洞察学生思维、解读学生智慧的方法常常是教育改革中缺乏研究的一环。教师只有掌握了理解学生差异的方法与策略，才能找到影响学生数学学习的各种原因。

所谓个性就是一个人在其生活、实践过程中经常表现出来的比较稳定的带有一定倾向的个体心理特征。学生的个性差异是学生与学生之间在稳定特征上的差异。不同学生的需求是指性别、生活环境、心理、知识等方面有所不同的学生，在教育目标、内容、方法、手段、评价方式等方面产生的相同需求和不同需求。

一、个性差异和不同学习需求

基于加德纳"教学生不会的"多元智能理论，着眼于改造传统的教育教学理论，遵循素质教育"以人的发展为本"的基本理念，落实"不同的学生学习不同的数学，不同的学生有不同的发展"的新课标精神，是一种有助于真正面向全体学生、全面提高学生素质的课堂教学策略。研究在现行班级授课制下，如何解决教学要求的整齐划一性与学生实际学习存在的差异性之间的矛盾，研究通过改变教师的教学方式，从而实现学生学习方式的变革的教学策略，具有一定的理论意义。

实施素质教育的重点在课堂教学，课堂教学的难点是如何面对由个性差异较大的学生组成的群体。在义务教育阶段，在统一教材、统一进度、统一要求、统一教法的教学模式下，同一班级内学生的已有基础不同，全部整齐划一地参与课堂教学活动，势必造成或老师讲的内容学生已经知道，白白浪费时间，或新知识和学生的已有知识缺少衔接，学生听不懂，这样就难以落实挖掘每个学生的潜能，尊重每个学生的个性，让每个学生找到自己个性潜能发展的独特领域和生长点，使每个学生在原有的基础上得到提高的素质教育精神。

在数学教学中，关注学生个性差异和不同学习需求，研究学生现有的学习习惯和基础，在分析学生现有水平的基础上，精心设计课堂教学，探索提高课堂教学效益的策略，是必须深入思考和研究的问题。

例如，在11至20数的认识上，对"位值制"的认识十分重要。小朋友在上学前受到幼儿园老师、父母以及周围环境的影响，会读、写数，不只是20以内数的读写，即便是百位以内、千位以内数的读写，很多小朋友都不在话下。上课前的调研也证实了这一点。参与调查的10个小朋友无一例外都能够按照老师的要求正确地读、写数。很明显，这并没有反映孩子们初学数的真实学情，那么，孩子们对学习数的困惑到底是什么？于是，我们再次走到孩子们中间，指着"15"中的"1"提出新的问题："它代表多少支铅笔？请你拿出来。"10个小朋友无一例外地拿起了"1"根。原来他们对"位值"了解很少，这才是他们真正的学情。

孩子眼里的数学到底是什么？如何适应学生个性差异开展教学活动？如何通过研究探讨，寻找解决问题的方法，真正发挥"课堂"这个教学主渠道的作用？

这里最主要的课题是：了解学生个性差异和不同学习需求对应的学习方法，实施对不同教学策略的研究，即如何实施不同的教育方法，充分挖掘学生的潜能，提高教学活动的效率。

二、"个性差异"的内容和维度

关注"个性差异"，在教学实际中，应该高度关注以下几点。

学生已有知识的差异：指学生已经具备的知识内容，具体来说是学生对和新知识有关系的内容的掌握程度，以及通过预习或查询资料对教材中的知识所达到的了解程度。

学生已有学习习惯的差异：指学生从事数学学科学习的学习习惯现状，参与课堂活动的现状。

学生已有学习方法的差异：指学生开展学科学习时已具备的学习方法。

学生已有情感态度的差异：指学生对数学学科的喜爱程度、参与学习的热情。

我国学者华国栋在其2001年出版的《差异教学论》一书中明确提出了差异教学的定义："差异教学是指在班集体教学中立足于学生个性的差异，满足学生个别学习的需要，以促进学生在原有基础上得到充分发展的教学。"

《当代教育心理学》（陈琦、刘儒德，1997）中对个性差异的解释为"个体之间在稳定的心理特点上的差异，包括性格、能力或兴趣等方面的差异"。可见学者的观点基本上是一致的：差异教学的出发点是学生存在的个性差异；差异教学要探讨适合学生特点的教学策略，或者具体地说是探讨适合学生特点的教学内容、教学形式、教学过程与学习成果；差异教学的最终目的是促使每个学生都在原有的基础上得到最大的发展。

可以说，根据学生差异开展教学活动既是一种教学思想，又是一种教学实践模式。

教师在班集体教育活动中，将关注不同学生的需求列入教育的组成部分，在教育活动中采取具体措施，满足不同学生的需求，把学生的共性和个性辩证地统一起来，发现和发展学生的潜能，更好地促进学生的发展。

三、分层、个别化教学与关注个性差异需求

不同学生的需求与教师的教育策略研究沿袭了因材施教的思想，但对分层教学、个别化教学等既有所借鉴，也有所扬弃。

例如，在我国广泛推广的"分层教学"在克服班集体教学的"一刀切"模式、照顾差异方面的确起了积极作用，但分层教学尤其是校际、班际的分层客观上形成了"标签效应"，伤害了一部分后进学生。

另外，分层教学主要是从认知的角度对学生进行分层，而学生的差异是多方面的，如情感态度的差异，学习方式、学习风格的差异，用分层教学难以解释，因为有的差异并不是层次问题。

个别化教学是与西方追求个人至上、倡导个性教育的理念一脉相承的，强调要为每个学生制订个别化教育方案，但针对我国大班教学的现状，为每个学生制订个别化教育方案是不现实的，即使制订了，也很难将每个学生的个别化教育方案和班集体教育对接。

因此，在国内研究中应用现有的教育资源，关注学生已有的水平，"以学生的发展为中心，充分发展每位学生的各种学习需要和他们的学习潜能"成为目前研究的重要内容之一。

实施个性化教学有一定的前瞻性。每个学生都是有着独特性的生命个体，因此在数学教学中教师要注意分析并应对每个学生的个性及其学习的

差异性，使每个学生都能在数学课堂上得到不同程度的发展，都能有各自的收获，让学生能够在教师给予的开放的、民主的课堂上充分发展，认真学习，充分地发挥潜在能力，使全班同学共同成长，提高班级数学学习质量，活跃班级学习氛围。

第三节　关注学生差异下的教学策略

一、让学生成为"自由的"探索者

一位美国小学教师给自己的四年级学生提出了这样一个问题：每个箱子都装有24罐橘汁，为了使250个学生人手一罐，共需要多少箱？

从传统的观点看，这显然是一个除法问题。但是，这位教师并没有直接写出相应的除法算式：250÷24=？，而是写下了如下的表达式：250？24，其主要目的就是让学生"自由地"探索。事实上，在这个实例中，有些学生就是用加法——对24进行连加，直至到达（或超过）250——求得了答案；另一些学生则采用了减法，即从250连续减去24直至最终减完；还有的学生试图利用乘法求得解答，即努力发现24与什么数相乘能得到250。

还有一个小女孩提出如下的求解方法：100包括4个25，由于250个学生有两个100再加上半个100，因此，如果每个箱子都装有25罐橘汁的话，相应的结果就是8箱再加2箱，共计10箱；但现在每箱只有24罐，即每箱少了1罐，从而必须在第11箱中补取10罐。

另有一个小组采用了"实验"的方法：他们在纸上画了一个长方形，

并用垂直的平行线将它分成24个部分,这时画一条水平线就将生成24个小的正方形,然后只需通过连续画出这样的水平线直至得到250个正方形就可获得相应的答案。

从这个美国教学片段中,我们可以看出:学生的学习,都是基于各自已有的认知发展水平和经验。他们的差异性和个体特殊性客观存在,各种想法都是正常的。课堂上让学生的每种想法都得以呈现,恰恰是"以生为本"的体现。而上好这样一堂丰富的课,需要这位教师对学生思维差异性的了解,不然他不可能在课堂上有意地放慢脚步,把大段的时间交给学生去创造,让学生亲身感受一个问题的解决过程。

面对学生的学习,教师不只要有"慢慢走、很欣赏"的心态,更要有事先对学生学习这部分知识的"潜状态"和思维差异性的细致研究,唯有这样,教学才能更有针对性和有效性;唯有如此,"以生为本"的理念才能真正根植于我们的心灵,生根发芽,以至生机盎然。

理想的教育是使所有的学生接受适合他们的教育。根据学生的知识和能力水平,分成不同的层次,确定不同的教学目标,运用恰当的教学策略,辅以不同的训练和辅导,借助学生本身的力量促进每一层次的学生都得到最好的发展。以研究学生为中心的教育受到国内外教育界人士的青睐。

西方关于课堂教学有效性的研究比较多,而且成果丰富,倡导关注学生的个性教育,促进孩子自由发展,对于个性化教育中的个性化教学这部分内容的研究开展得较早,并提出了多种教学模式。研究者普遍认为,高层次的学习策略,如解决问题的策略、选择方法的策略、元认知策略、合作学习的策略、科学利用时间的策略、原理学习的策略更能提高学生学习的有效性。研究者将注意力扩展到了整个课堂教学活动,而不是单一的教师因素。

苏联教育家维果茨基提出的"最近发展区"理论认为：每个学生都存在两种发展水平，一是现有水平，二是潜在水平，二者中间的区域被称为"最近发展区"。教学只有从这两种水平的个体差异出发，把最近发展区转化为现有发展水平，并不断创造出更高水平的最近发展区，才能促进学生的发展。

美国学者卡罗尔·安·汤姆林森提出："如果提供足够的时间（或是学习机会），再配备合适的学习材料和教学环境，那么，几乎所有的学生都有可能达到既定的学习目标。"苏霍姆林斯基说过："教学就是教给学生借助已有知识去获取新知识的能力，并使学习成为一种探索活动。"20世纪70年代以来，美国著名教育学家和心理学家布卢姆的"掌握学习教学"在美国以及世界其他国家的中小学得到广泛应用。如美国以分组教学为主，主要采用无学年制的"不分级制"和"多级制"，通过个别化教学理论的研究与实践，加上对布卢姆发现学习理论的倡导，在分层尝试的理论与实践方面处于领先地位。20世纪80年代苏联著名教育家巴班斯基提出教学过程最优化理论，以及实行区别教学实践，丰富了这方面的理论与实践，取得令世人瞩目的成绩。

总的来说，20世纪60年代以前西方的研究"只是将教师特征与教育结果机械相连，而几乎忽视了课堂实际"，后来逐渐注意到了教师课堂教学行为与学生学习成就、学生自我发展之间的复杂关系。他们的经验值得我们借鉴，但由于各国的文化和教育背景不同，学生的需求也不完全相同，我们不能生搬硬套国外的策略。另外，国外这方面的理论研究，也有待我们进行更加系统和深入的探索。

在我国，古代教育家、思想家孔子就提出育人要"深其深，浅其浅，益其益，尊其尊"，即主张"因材施教，因人而异"。国内的一些学者以及一些地区和学校在关注学生的需求方面有不少研究，尚处于起步阶段。

20世纪80年代，黎世法提出"最优化教学的实质，是异步教学"的命题；我国有突出贡献专家、特级教师邱学华提出"尝试教学"理论，将一百年来采用的"师教生听、先教后练"的教学模式改变为"先学后教、先练后讲"的教学模式，突出了学习者的主体地位，使每个学生都能够主动探索、自主学习，沿着自身的轨迹获得最大程度的发展。上海教科所于1991年开始"分层递进教学"区域性教改实验，使"解决教学要求的整齐划一性与学生实际学习可能的差异性之间的矛盾"成为一种策略，这是一种真正面向全体学生、有助于全面提高学生素质的被广大教育工作者认可的教学策略。

因此，我们应思考如何关注了解学生的个性差异和不同学习需求，如何根据学生的个性差异和不同学习需求实施不同的教学策略，如何实施不同的教育方法，充分挖掘学生的潜能，在关注差异化的前提下同步做到提高课堂教学效率。

二、了解差异存在是差异化教学的前提和基础

《义务教育数学课程标准》强调："教师教学应以学生的认知发展水平和已有的知识经验为基础，面向全体学生，注重启发式教学和因材施教。"

每个学生所处的具体教育环境、家庭环境，所具有的先天基因不同，智力水平、思维方式、学习能力、学习方式、知识经验也不尽相同，因此要关注学生之间存在的差异性，全面了解学生，从学生的差异出发设计教学内容和步骤，增强教学设计的针对性和预见性，使数学课堂教学满足不同学生的需求，满足他们的求知欲望，使全体学生都得到不同程度的发展，都获得启发。

　　了解学生的差异可以从学生已有的知识经验、智力水平、经验兴趣、学习能力等方面着手。可以采用访谈、问卷调查、智力测验、观察学生等方式来了解，通过整理并分析学生的差异性，总结学生的一般学习特点及差异，使教学设计与学生实际情况相适应。教师可以结合学生实际差异和具体教学内容，将学生进行隐性分类，制定合理的教学目标，设计适合学生发展的教学步骤，引导学生循序渐进地学习数学知识。

三、如何制定差异性的教学目标

　　美国教育学者卡罗尔·安·汤姆林森在其所著的一系列相关著作中对这个问题均有比较详细、深入的阐述。她在1999年出版的《满足所有学生需要的差异课堂》这本著作中，对差异教学和传统教学的不同做了梳理（见表1-1），并总结了差异教学的基本原理（见表1-2）。

表 1-1　传统教学与差异教学的区别

传统教学	差异教学
学生的差异被遮蔽或只有出现问题时才受到关注	学生差异作为制订教学计划的基础而被研究
评估通常放在学习结束时进行，目的在于查明谁掌握了规定内容	评估是诊断性的，伴随着教学过程的始终，目的在于调整教学，使之与学生的需要相适应
过于重视相对狭窄的智力形式	明显聚焦多重智力及其发展
对优秀的定义是单一的	优秀是根据个体相对于起点水平的成长和进步程度定义的
学生兴趣很少得到开发和利用	学生经常做出以个人兴趣为基础的学习选择
只有少量的学习偏好受到重视	提供大量丰富的学习偏好选择
全班集体教学占主导地位	采用多种教学组织形式
依据教材和课程指南安排教学	学生的准备水平、兴趣及学习偏好决定教学方法

续表

传统教学	差异教学
学习重点在于掌握抽离背景的知识与技能	学习重点是运用关键技能去理解关键概念和原理的意义
通常只布置单一类型的作业	经常布置可供选择的多种类型的作业
时间的使用相对来讲是固定的	时间的使用经常根据学生的需要进行调整
通常只使用单一的课本	提供包括课本在内的多种教学材料
教师直接指导学生的学习	教师引导学生成为自立的学习者
教师解决问题	学生帮助同伴和教师解决问题
教师提供适用于全班的评分标准	师生一起制定适用于全班及个体的学习目标
通常使用单一的形式评估学生的学习	使用多种形式评估学生的学习

表 1-2　差异教学的基本原理

- 教师清楚地了解教材中哪些东西最重要
- 教师理解并欣赏学生的差异，在此基础上发展学生的差异
- 评估与教学不可分割
- 教师调整教学的内容、过程及产品，以便对学生的准备状态、兴趣及学习偏好做出反应
- 所有学生都有机会选择适合自己的学习内容与学习方式
- 师生是学习过程中的合作伙伴
- 差异课堂的目的是使每个学生都获得最佳发展，取得属于自己的成功
- 灵活性（灵活分组、灵活支配时间等）是差异课堂的显著标志

　　从该阐述中我们可以获得以下三点启示或结论。一是差异教学所针对的学生差异主要包括原有基础、思维能力、学习风格以及学习兴趣；二是有差异的教学安排主要体现在调整教学的内容、过程和形式，以适应学生不同的学习需求；三是差异教学的最终目的是促进所有学生在原有基础上得到充分的发展。在把握以上三点精髓的基础上，对于如何开展差异教学，方法灵活多样。鼓励教师探索新途径、新策略，而不拘泥于形式，尽可能多地走不同的实践范式与路径，百花齐放，只有这样，差异教学才有生命力。

　　"以学生发展为本"是基础教育的出发点。教育活动应以学生为主

体，以学生的自主探究为基础。教是以学生的学为前提，以学生潜能的发挥及个性的张扬为条件和归宿。"个性差异和不同学习需求"要求教师关注每一个学生的个性特点，关注每一个群体学生的基础，因材施教，解决教学要求的整齐划一性与学生实际学习的差异性之间的矛盾，改变不掌握学情、一切从"0"开始设计的课堂教学模式。树立"以学生发展为本"的教育思想：首先，要发现和发展每个学生的特长和潜能，科学训练，让不同的学生得到不同的发展，提高教学质量。其次，要促进教师的专业水准和自主发展能力不断提升，不断增强关注学生需求的意识和质量意识，凝聚学科教师队伍。再次，要厘清不同学生的类型特征及其学习需要，制定满足学生需要的策略、方法、措施等，初步形成有针对性的课堂教学策略。

在数学学科教学中，教师要在关注学生基础差异和不同学习需求，给学生提供充分的学习思维空间的研究思路指导下，精心设计课堂教学，探索如何增强课堂教学效果。

所以，教师应围绕学生进行研究，改变"知识中心"的教学观念，找准"学习者中心"这个切入点，谋求满足个性差异和不同学习需求的课堂教学活动的策略，从改变教师的教学方式入手，建构新的学习方式，进而培养学生的实践能力和创新意识、积极的情感态度和心理素质，让每一位学生获得终身学习的能力，赢得未来。

教育心路　把握学情、科学训练、提高课堂教学质量

一、准确把握学生的认知基础

学生对数学知识的认识，对数学概念的理解，也就是学习数学的认知基础，即学情。在信息时代，学生获取信息的渠道很广泛，这就需要我们

更准确地把握学情，这样才可以更好地了解学生眼里的数学是什么样子的。

例如，对三角形稳定性的认识，学生很容易把三角形位置摆放的稳定和三角形自身结构的稳定混淆在一起，获取的认知和教材传递的内容不一致。在11~20数的认识上，有的学生对"位值制"的理解很浅薄，但是表现出来的却是会写、会读数。他们真正的学情是什么样的？需要我们科学地调研分析。

借助现在的技术，我们可以利用监控系统忠实地记录学生的学习痕迹，分析学生出错的真正原因，确定研究的主要问题。

利用数据分析对学生的错误进行归因。例如，对"做一个棱长是4分米的鱼缸，需要（　）平方分米玻璃？'A.4×4×4、B.4×4×5、C.4×4×6'"这类题目，"将生活经验和数学计算建立起联系"是导致学生出错的直接原因。

我们知道，学生正确解决一个数学问题需要如下思维过程：读懂题目——调用生活经验和数学知识——正确计算。那么我们就要重点研究这些问题："学生读不懂题目怎么办？""学生不会调用生活经验和数学知识怎么办？""学生计算出了问题怎么办？"

经过对监控系统给我们提供的数据进行分析可知，学生遇到的关键问题是"调用经验问题"，于是教师设计了这样的"鱼缸问题"，找到"4个面、5个面、6个面"，甚至1、2、3个面在生活中存在的现象，丰富关于表面积计算的应用素材。经过几次训练后，再对数据进行分析，评判训练的效果，看是否解决了调用经验问题。如此，形成研究型的有针对性的训练模式。

二、根据学情精心设计训练，提高课堂教学的质量

学生的个性特点不同，学习的需求也就不同，根据学生的个性特点设计训练，解决学生学习中的困惑，是个大问题，需要深入研究。通过研究课题"关注学生的个性特点和学习需求的教学策略的研究"进一步明确了思路：记录学生的学习过程——收集数据，分析学生存在的问题——有针对性地设计训练。这样的良性循环，为提高课堂教学质量奠定了基础。

我曾经历过这样的课堂：课上老师辛辛苦苦地带着学生做训练题，但是这样"过题"的课堂上为数不少的学生仍旧不会做题，最终在老师辛辛苦苦拼时间、拼体力、一遍遍"辅导"后，终于"会"了！

于是，我们提出，让每个训练题都充分发挥它的魅力和价值，让每个训练成果都扎实地落在每一个孩子身上，"系统"辅助我们做到了。

在不同的年级确定不同的研究重点和训练内容，不同的教师采用不同的推进程度并逐渐落实。二年级重点训练解决问题。三年级将解决问题和面积知识建立起联系。四年级在计算意识和技巧内容上进行实践。五年级则更多地训练学生从数学的视角观察生活现象。

团队中骨干老师率先研究实践，发挥各自的优势和特长，逐步推进落实科学训练，以实现科学地提高课堂教学质量的目标。

一路走来，一路实践，经历着解决一个个困难的过程，体验着解惑后的愉悦，更体验着为师之乐。

四、设计适合不同学生的差异性训练，增强数学教学的实效性

在课堂教学中重视学生的差异性，对于提高数学课堂教学效率，增强数学教学的实效性具有重要意义。

（一）关注生活情境，提高学生的生活能力

在课堂教学设计上，小学数学教师要注意将课程内容与生活情境相联系，增强教学内容的趣味性和实操性。将教学融入生活情境中可以锻炼学

生的实际操作能力，能让学生将在课堂上所学的理论知识与实践相结合，使学生体会到数学知识对生活的价值，增强学生学习数学知识的兴趣，同时促进不同的学生得到不同程度的发展，锻炼学生的独立思考能力。

"解决问题"应该是学生真正感兴趣的活动，而不是成人强迫的。真正意义上的"解决问题"是让学生解决日常生活场景中的实际问题，而不是简单地代入公式做题。使学生学会具体问题具体分析，在问题情境中解决问题，这才是学习数学的价值所在。

"解决问题"不是一种知识形态。对教师而言，是教师的教学目标、教学方法、教学过程，更是一种教学意识；对学生而言，则是学生综合性、创造性地解决新的情境中陌生的数学问题的过程。新课标将以往的"应用题"纳入"解决问题"的范畴，让学生学会分析数量关系，明确解题方法是数学教学不变的初衷。

三年级的学生抽象逻辑思维能力有了一定的发展，但仍以形象思维为主，个人自制力有限，求知欲很强，情绪易受感染。到底什么样的素材是学生感兴趣的，有利于帮助学生理解学习的价值呢？经过课前调研可知，是身边的"热点"事件、流行事物，学生特别关注的、熟悉的生活等。因此，可在教学中选择学生熟悉的热点事件作为素材，吸引学生的注意力，调动学生学习的积极性、主动性。另外，可通过问卷调查访谈，认真剖析学生的已有知识经验、学习能力等，分析学情，为课程开展打好基础。

"问题是数学的心脏"，问题是学生学习的载体，没有问题研究也就无从着手。新课标提倡小学生初步学会从数学的角度提出问题、理解问题，并能综合应用所学的知识和技能解决问题，发展应用意识。数学课程"不仅要考虑自身的特点，更应遵循学生的心理规律，让学生亲身经历将实际问题抽象成数学模型并进行解释与应用的过程"。建构主义学习观认为，只有当学生积极主动地建构时，才能开始真正意义上的学习。

课例分享　用数学解决问题

问题是数学的心脏。在设计"用连乘算式解决问题"这一教学活动时，要着力为学生创设主动参与解决问题学习的条件，引导学生提出问题、分析问题、解决问题的能力，提供现实、有意义和富有挑战性的问题素材，促使他们解决问题的能力得到增强。

"解决问题"的单元，属于"数与代数"领域，专门教学用所学的计算知识解决生活中的简单问题。本节课主要教授用两步连乘计算解决简单的实际问题，传授如下知识点：一是用两步连乘计算解决问题（数量关系及思路），二是要培养灵活解决问题的意识。（见图1-1）

图1-1　解决问题方法示意图

学生在二年级时，已经会用表内乘、除法以及加、减法解决简单两步计算的实际问题，如锻炼、运货、公园购票、集体租船相关问题。三年级时，学生学习了一位数的除法和用连乘两步计算来解决问题，学生在计算和解决问题这两方面都有一定的基础，初步体验了解决问题策略的多样化。

学生在处理信息、多角度观察、运用不同思路解决问题这几方面的水平是怎样的呢？我们针对三年级某班学生做了调研，题目如下：

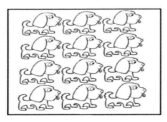

图中共有多少只小狗？
（能用几种方法解答就用几种方法，把你的想法表示出来）

全班28名学生，调研结果见表1-3。

表1-3 学生解答情况统计表

现象	人数	举例
得出正确结果	25人（占全班学生总人数的89%）	一共有12只小狗
科学地使用2种以上解题策略	5人（占全班学生总人数的18%）	1. 从1~12数一数 2. 分别横纵观察，列式计算
除上述两种解题策略和拼凑方法以外，完成"有几种写几种"要求	21人（占全班学生总人数的75%）	1. 表示的数量关系相同，都是3×4是多少 2. 把12只小狗拆分成任意几部分，再加或乘，凑出"方法"
做错了	3人（占全班学生总人数的11%）	原因一般是把握不准，看错题

为进一步了解学生理解数量关系的程度和解题策略，我们对学生进行了访谈。

提问：你怎么想到用这样的方法算出有多少只小狗的？

生1：我横着看，一行有3只，同样的有4行，就用"3×4"计算；竖着看，一列有4只，同样的有3列，就用"4×3"计算。

这是有理有据、有想法地解决问题。

生2："一行3只，3行就是9只，再加上3只就是12只。"

显然这是为"多方法"而为。

提问：用这个算式还可以说明什么事？"3×4×5"呢？

有的学生说"一支铅笔3元钱，4支多少钱"，有的说"一组3人，4组多少人"，等等。用"3×4×5"问题访谈的3人中，2人任选2个数字联系生活实际，只有1人表达了他的想法，涵盖了3个数字：一堆小狗用"3×4"算，5堆多少只，就是"3×4×5"。

由此而知，学生对乘法的理解非常到位，对简单两步连乘应用题也有一定的认识，但是随着数量关系和实际问题的复杂化，还需要带领学生进行进一步梳理。

可以看出，许多学生对多种方法解决问题的认识并不清晰，学生所用的"多方法"并非我们认为的"多方法"，学生的认识和教学目标存在错位的现象，这种对"解题策略的多样性"的体验会困扰学生。因此"引导学生主动寻求两步连乘应用题在生活中的原型，在生活情境中理解应用题的题意，认识到对同一个问题，从不同的角度思考就会有不同的解决方法，体验解决问题策略的多样性"是真正的教学难点。

教师的真正本领，不在于讲授知识，而在于激发学生的学习动机，唤起学生的求知欲望，让他们兴致盎然地参与到教学的全过程中来，通过自己的思维活动和动手操作获得知识。利用数形结合的数学思想方法，在自主探究和合作交流中，使学生了解解决问题的多种策略，形成主动换角度思考问题的意识，培养学生的创新能力。

让学生经历发现问题、提出问题、解决问题的过程，学会用乘法两步计算解决问题，提高学生综合运用所学知识解决实际问题的能力。引导学生多角度、多方位观察、思考、解决问题，体验解决问题策略的多样化，感受知识间的普遍联系。通过解决具体问题，感受科学解题的策略在日常生活中的广泛应用。

通过解决与生活高度相关的问题，让学生理解数量关系，科学主动地获取信息并对信息做出准确分析和处理，学会用数学方法解决问题。

（二）设计复杂练习，发展学生智力

教师要注意作业和练习设计的难度差异，不能一味地布置简单的练习题增强学生对学习的信心，也不能只布置较复杂的练习题，否则会适得其反。在作业和练习设计上，教师要合理安排练习难度，在基础题的基础上适当增加难度，锻炼学生在学习基础知识的基础上尝试解决复杂问题的能力，引导学生解题能力和思维能力发展。

课例分享 _《马小跳玩数学3》这本书到底有多少字?_

在教学后的练习中，引入较为复杂的练习作业，我们选择了"书的字数统计"这个主题。

拿出学生喜爱的畅销作品《马小跳玩数学3》，引导学生观察作品的封面、目录、编排特点（趣味故事、每个故事整版编排）、封底等，然后提出研究的问题：

这本书一共多少字?

以书为研究对象是为了激发学生爱书、爱读书的兴趣，所介绍的项目既是学生读书所必须了解的内容，又含有数学信息，为从数学的视角观察生活做铺垫。而研究"热点"话题，学生将经历收集、分析、处理信息，解决问题的完整过程。

根据"读书"话题，收集、分析、处理信息，提取数学问题。

（1）明确要解决的问题："《马小跳玩数学3》这本书一共多少字?"

（2）研究解决问题的方法，收集需要的信息。

设问：这本书共有多少页？每页多少行？每行有多少字？这本书一共有多少个故事？每个故事有多少字？

（3）筛选、分析信息，组合在一起，编成一个问题：《马小跳玩数学3》这本书有210页，每页有25行，每行20个字，那么这本书一共大约多少字?

或者编成另一个问题：《马小跳玩数学3》这本书有60个故事，每个故事平均80行，每行20个字，一共多少字?

数学追求的是学生思维的发展，而不是感官的满足，要用直观、精简的情境，避免使用丰富多彩的图片和冗长的描述；通过师生交流、分析筛选获得信息，利用学生熟知的切身生活，为接下来学生自主解决问题奠定基础，引导学生将所获得的信息进行组合，提出问题，解决问题。

分析数量关系，交流解题的方法，提炼解决问题的模型。

在这个作业的设计中，孩子们的思维模型正不知不觉地按照下面的方式悄悄建立起来。

（1）独立思考、自主列式，交流首先算的是什么，其次算的是什么，或每一步算出来的是什么，从而理解数量关系。

（2）对照版权页核对计算的结果和这本书实际的字数，思考为什么会有差距，是否解决了问题。

（3）提炼总结：对这样的问题，用连乘的方法解决。对收集的数据根据解决问题的需要进行灵活处理，例如：估计出大约每行多少字，估一估平均每个故事多少行，算一算平均每个故事多少字。

在这个过程中，学生经历了"从生活事件提出问题——根据需要收集处理信息——梳理数量关系列式解决问题"三个阶段从形象到抽象的转化，经历了从提出问题到筛选信息，再到解决问题的过程，通过按照先算什么、再算什么的要求表述自己的方法，体会到思维的有序性，充分理解数量关系。

（三）作业设计要尊重学生差异，布置不同层次的作业

小学数学教师在进行作业练习设计时要关注学生之间的差异性，根据学生的能力与强项，设计不同层次的作业，增强作业方式的多样化和可选择性。利用不同层次的作业，使不同能力水平的学生都在适合自己的作业中找到解题的乐趣、获得满足。作业分层可以从以下两方面进行：首先，

注意作业容量的适度性。教师布置的作业要考虑学生的能力，在不加重学生学习负担的基础上促进学生潜能的激发。其次，部分作业只要求学生尽自己能力去完成，让学生获得不同程度的锻炼。

同时，教师还要注意作业练习的检查与反馈。要保证课堂作业当堂完成，切实抓好学生课后作业的完成，利用作业讲解让学生了解自己的错误，避免下次犯同样的错误。

（四）增强师生、学生之间的交流，营造良好的课堂氛围

教师要增强自己的亲和力，加强和学生之间的交流与合作。要尊重学生的想法，让学生想说、敢说，积极构建开放、民主的课堂，引导学生发表自己的看法观点，引导学生获得数学知识的积累和能力的提升。同时，教师还要促进学生之间的交流与合作，在数学课堂上让学生进行小组学习，让学生在与同学的合作中获得启发和成长，让学生与学生的想法和观念相互撞击，增强课堂氛围的活跃性，锻炼学生的数学思维能力和创新能力。

在我们的教学实践中，除了上面所述的"个性差异"，我们所说的"学习方式"和与之对应的教学策略又是什么？

关于个性差异和不同学习需求，需要特别关注两个问题。

一是形而上学的学生观。学生是活生生的人，他们的灵气每时每刻都在闪动，他们的聪明才智与创造才能很多是潜藏的，因此，分层施教不是对学生现有水平的分层，而是在老师的启发诱导下，挖掘其潜在水平，使其转变为新的现有水平。虽然他们仍然是有层次的、有差异的，但他们已经有了一颗灵动的心，能够不断地从低层次跃上新台阶，求得新发展。

二是形式主义倾向。我们的出发点与归宿都是求得高质量的教学效果，因此要"得意忘形"，即领悟整个课题方案的内涵，而不是流于形式。

"以学生发展为本"是基础教育的出发点，通过研究发现每个学生的特长和潜能，科学训练，让不同的学生得到不同的发展，提高教学质量。厘清不同学生的类型特征及其学习需要，确定满足学生需要的策略、方法、措施等，才能初步形成有针对性的课堂教学策略。

五、体会学生需求策略，了解学生需求状况，关注学生的情感基础

理想的教育是使所有的学生接受适合他们的教育，以研究学生为中心的教育受到国内外教育界人士的青睐。根据学生的知识和能力水平，分成不同的层次，确定不同的教学目标，运用恰当的教学策略，辅以不同的训练和辅导，借助各层次学生本身的力量促进他们得到最好的发展。

如何关注学生个体差异开展教学活动，通过何种教学策略，寻找解决问题的方法，使课堂成为学生的天地，成为学生快乐成长的乐园，真正发挥实施素质教育的主渠道作用，就变成了迫切需要解决的问题。

在实际教学中，学生学习数学知识有两个最重要的基础：已有的知识和已有的需求。教师如何把握了解学生基础的方法、分析学生已有的知识状况，是我们需要关注的问题。

当我们把教学看作师生双方共同探讨新知识、课程内容持续生成的时候，一堂课究竟是怎样的过程，已经不是在课程方案的预设中能够把握的了，它需要教师在课程预设的基础上，循着学生思维的变化、情感的波澜随时调整教学环节，动态生成学习内容。

记得曾经听我校一位年轻教师的课，课堂教学"圆的面积知识"，让学生通过动手操作，把圆剪拼成近似长方形的形状。按照预设，接下来就可以根据长方形与圆的关系推导出圆的面积公式了。可这时一个学生提出能否剪拼成正方形，其他同学也用求知的眼神看着教师。教师马上组织学

生讨论到底能否剪拼成正方形。通过讨论，学生终于明白了圆不能剪拼成正方形的原理。

课堂教学的丰富性正源于这些不断出现的"生成因素"。要善于利用这些"生成因素"进行教学，从而让学生在学习时不断体会学习的乐趣和解决问题的成就感。

教育故事 小量角器能量大角吗？

参加工作的前几年，作为年轻教师，我在课堂教学中往往更注重教学环节的顺利进行，而不能顾及每个学生的表现，进行及时反馈。然而一次课堂中的"插曲"意外地打乱了我既定的教学计划，使我更加理解关注每一名学生的重要意义。

那是一节"角的度量"课，同学们在认真测量角的度数。需要学生测量的各个角被投影到了大屏幕上。

就在这时，班级角落里传来一个细小的声音："这个角被放大了！大屏幕上的角都被放大了，我们纸上量的角小。"刚开始同学们有些惊讶，继而发出各种声音："是啊，真放大了！""没有，还是那么大。""角没变，边延长了。"

下一个环节就是测量两组角，比较它们的大小，进而发现其中的奥秘，即角的大小与边的长短无关，与角两边张开的大小有关。

但是现在孩子们有了疑惑，我及时改变了原来的教学设计方案，利用学生提出的问题资源进行了调整，反而起到了意想不到的效果。

我拿起数学书问："数学书封面的四个角分别是多少度？"

同学们异口同声地说："直角，都是90°。"

我把书放在实物投影上，大屏幕上出现了被放大数倍的数学书。

"此时数学书封面的四个角分别是多少度？"

同学们盯着大屏幕愣了几秒，又大声回答："90°。""是啊，这么大的直角也是90°啊！"

然后教室里一片寂静。我将刚开始让学生测量的4个角再次投射到大屏幕上，问："现在，你们觉得这些角被放大了吗？"

有的同学坚定地说："没变！"有的同学小声说："还是变大了。"部分同学犹豫不决。

"请一名同学拿着教具——量角器亲自去测量屏幕上呈现的'大角'。"

教室里静悄悄的，同学们目不转睛地看着大屏幕。"90°、30°、120°、120°角的度数没变。"这个孩子有序地测量并说出结论。

"老师，他是用大量角器量的'大角'。"

"那请你带着自己的小量角器来量一量吧！"

教室里再次安静下来，同学们屏息凝神，等待着测量的数据。

"90°、30°、120°、120°，角的度数真的没变。"

"多神奇啊，小量角器量出了大角。"

"同学们，角的大小与什么有关，与什么无关？"

"与角两边张开的大小有关，与边的长短无关。"

实施教学方案，是把预设内容转化为实际的教学活动。在这个过程中，师生双方的互动往往会"生成"一些新的教学资源，这就需要教师及时把握，因势利导，适时调整预案，使教学活动收到更好的效果。

关注每一名学生，合理做出预设，巧用"生成因素"，引导学生思考，解答疑难问题。课堂中教师要关注每一个细节，恰当地调整方案，使课堂绽放出奇异的光彩。

孔子说："知之者不如好之知，好之者不如乐知者。"只有将教学过程变成学生愉悦的情绪生活和积极的情感体验，课堂才能焕发活力。学生在课堂上是兴高采烈还是冷漠呆滞，是其乐融融还是愁眉苦脸？面对课堂上的数学问题，学习态度是越来越积极还是越来越消极？这类问题必须为教师所关注。同时，教师还要用"心"施教，而不能做知识的传声筒。

因此，教师对这些在教学设计之外自然生成的有效教学资源，要及时抓取，开发其内在价值，做出有效应对。关注学生现有的知识基础，在学生预习或获取大量学习资料的基础上，精心设计课堂教学，可以丰富教学活动，增强课堂教学效果。

根据学生的个性特点设计教学活动，要符合学生的年龄特点和认知规律，这样才有助于发展学生的思维。

"动"是孩子的天性，让每个学生都"动"是我们所期盼的。

关注学生的个性需求，设计教学活动，就是教师精心设计的有目的的"动"。小学生认识事物，或通过表象认识，或通过图形拼摆的操作活动进行理解，又或许需要亲自购买一定重量的商品才可以掌握。"体会学生个性需求策略"的教学活动，能激起学生的学习兴趣，为学生独立思考、自由探索打下基础。在数学教学中，组织学生参与教学实践活动，明显影响了学生对知识的学习和接受程度。在这种学习方式下，学生的个性和行为习惯上都出现了更加积极的倾向。有研究资料表明，一般学生只需发挥其自身能力的20%~30%，就能完成正常的学习任务；如果关注学生的学习需求和个性特点，使每个学生都充分参与教学，其能力可发挥至80%~90%，那将是非常巨大的潜能。可见，"体会学生个性需求策略"，精心设计教学活动，使学生充分参与实践活动对学生来说是多么重要！

而作为教师，要在实践中寻求优化课堂策略，立足解决学生个体差异和不同学习需求中的实际问题，让不同水平的学生都得到发展，只有这样才有利于教学方式的转变，有利于提高学生的综合素质。

关注学生的个性差异、设计课堂教学、恰当地设定教学情景、引导学生参与课堂教学活动符合新课标精神，可以提高学生的学习效率，让课堂生命活力真正得到发挥！

认知基础——善用已有基础经验，构建高效课堂

第二章

本章导读

数学教学应该以学生的认知发展水平和已有的知识经验为基础，面向全体学生，使不同的孩子在数学上得到不同的发展。教学中，教师应准确把握学生的学习起点和已有基础，使所有的学生都能站在各自的起点上充分发挥自己的潜能，实现知识的有效建构。

我曾经读过这样一个故事：小瑞有两个舅舅在西安工作。直到9岁，小瑞都没有见过舅舅。两个舅舅是孪生兄弟，外形相似，唯一的区别是小舅舅右眼皮下有一颗不显眼的黑痣。有一次，两个舅舅结伴到小瑞家来，到达时已是傍晚时分。妈妈忙拉着小瑞喊舅舅，她指着大舅舅介绍说："这是你大舅！"小瑞看着身材魁梧的大舅叫了声"大舅"。妈妈又指着小舅说："这是小舅！"小瑞看着几乎与大舅长得一样的小舅叫了声"小舅"。一宿无话。翌日清晨，小瑞看着两个"一样"的舅舅，怎么也分不清哪个是大舅，哪个是小舅了……

从心理学角度分析，造成这种情况的责任在妈妈，因为妈妈不明白9岁孩子要区分两个长相极其相似的舅舅有多么困难，仅仅依靠轻描淡写的介绍，孩子是根本没有办法区分的。如果妈妈在介绍小舅时告诉小瑞："小舅与大舅长相一样，但右眼皮下有颗黑痣，看见了吗？"那么，小瑞就能把两个舅舅区分开来了。

这则故事给我们一个启示：小孩子因为年龄的原因，认知还没有发展成熟，如果我们不顾及孩子的认知水平和认知特点，不遵循孩子认识事物的规律来进行教育，教育效果就会大打折扣。反观学生学习数学，由于数学知识的抽象性和严谨性与孩子思维的直观性和形象性存在矛盾，如果我们对学生学习某类知识的规律把握不好，没有根据学生的认知水平精心组织材料，合理安排学习的顺序，那么学生的学习效果自然不会很好。

第一节　三重关注，唤醒已有经验和基础

现实中，学生进入课堂前并非一张白纸，其头脑中已经积累了一定的知识和经验，而这正是开展思考和交流的学习基础。

每一位学生都有理解数学的独特方式，缺少的只是直接参与、用自己的理解方式吸纳知识的机会。教师不能忽视学生认识数学、理解数学的独特性而盲目地、武断地、自以为是地进行传授。实践证明，不被学生理解的教学方式一定是低效的。因此，教师要努力让学生"直接对接"数学学习主题、自主投入学习活动，而不要让学生只通过他人对数学的观点来"间接对接"。

学生根据自己的经验背景对外部信息主动地进行选择、加工和处理，从而获得自己的想法，有助于理解知识、培养思维、增强学习能力。教师的全部任务是为学生创设一个符合其成长规律的学习环境，支持和帮助学生完成对知识的构建。

学生是课堂学习的主人，教师的"教"是为学生的"学"服务的。经常被大家提起的关注学情，指的是关注学生已有的知识基础、能力基础、思维基础，以及平时的学习习惯，尤其是在课堂上的学习状态。由于不同学生的生活经历和知识储备基础不同，再加上课前预习的参与度与达成度有差异，学习起点不同，他们遇到的学习难度也不一样。因此，教师的课前延展备课、课堂施教，以及课后的延伸，都要从学生已有基础的实际出发，充分关注学情，灵活变换教学策略。只有这样，才能更好地优化教学、因材施教，增强课堂教学效果。

但在具体的课堂教学中，很多教师往往忽视了学生的现有水平，从零起点出发设计教学活动，很少关注学生已有的知识基础差异和学习习惯差异，无视学生的需求，在教学过程中常出现低效的情况——对学生已经掌握的知识，教师还在不厌其烦地讲解，导致学生的课堂行为和表现受到极大限制；教师对教学活动中出现的问题不够敏感，生活素材积累得少；对学困生的辅导，教师缺乏有力的措施与办法，缺乏防止学困生出现的意识，对"学困生"缺乏深入思考出现的原因和对应的解决办法。

《义务教育数学课程标准（2011）版》明确提出数学知识的教学，要注重知识的"生长点"与"延伸点"。近几年来，笔者在课题研究的实践中深刻感悟到：我们需要也应该关注、把握学生的学习起点，并在此基础上设计、组织教学活动，提高数学课堂的教学效率。

一、关注学习基础，灵活预设

（一）关注学生已有知识基础，使数学学习与原有认知结构中的有关内容相互作用，从而形成新的数学认知结构或扩大原有认知结构

要使学生在课堂上真正有所收获，教师就必须关注学生学习的基础，包括学生的学习兴趣、水平、方式、习惯等。备课时可采用谈话法、测试法等，做好充分的课前调查，全面了解学生现有的经验水平，以把握教学的起点，找准切入点。

记得在教"圆的面积"这一课时，为了了解学生对圆的面积公式的认知情况，我在课前做了前测调研。

我问学生："你们认为圆的面积公式可以怎样推导？"结果有近50%的学生对圆的面积已经产生了兴趣并有了自己的思考，有40%以上的学生对圆的面积求解的方法有所思考，不过推导方法和教材上的方法相同的学生只占全班的12.3%。

通过调研学生的思维状况，可以提前了解学生的已有知识基础、已有经验，弄清已有经验与新知识的结合点在哪儿，在此基础上更为准确地设计教学环节。例如，在数学知识中，"平均分"是学生学过的知识，"分数"则是新内容，在学生认知基础上开展教学活动，使二者联系起来，可以扩大、丰富学生原有的认知结构。

实施素质教育的重点在课堂教学，课堂教学的难点在如何面对一个个

体基础差异较大的学生群体。在义务教育阶段，教师要关注同一班级内学生已有的不同基础，引导学生参与课堂教学活动，和学生的已有知识衔接，挖掘每个学生的潜能，尊重每个学生的个性，让每个学生都找到自己个性潜能发展的独特领域和生长点，使每个学生都在原有的基础上得到提高。

认知因素与非认知因素同时作用于数学学习活动，数学学习活动又反作用于认知因素与非认知因素；另外，认知因素与非认知因素通过数学学习活动也互相影响和促进，三者之间相互联系、相互作用、互为因果。促进学生认知因素和非认知因素的发展，使学生形成爱学和会学的学习能力，适应社会发展的需要，这是开展"关注学生已有知识策略"教学初见成效的原因所在。

教育故事 _读懂孩子眼中的"公平"

"同学们，你们玩过扑克牌吗？"数学课一开始，老师就拿出一盒扑克牌问学生。

"玩过！"孩子们不约而同地答道，但他们的眼神中写满了疑惑。其实老师知道孩子们在想："这节是数学课，老师怎么玩起扑克牌了呢？"看着他们，老师笑着问道："你们都用扑克牌玩什么呀？"

"斗地主。"

"捉黑A。"

"争上游。"

嗬！玩得还真丰富！

随着孩子们争先恐后地发言，课堂的气氛活跃起来。

"那今天咱们一起玩玩拉大车吧？"

"好！好！"孩子们表示赞同。

"男女生各出一个代表。"老师提出了明确的要求。

"老师，我来！我来！"孩子们兴高采烈地举起小手，有的孩子已经按捺不住站了起来。

随机选了两个代表后，老师将手中的扑克牌发给了他们，给了男生几张牌，剩下的都塞到了女生手里。

"不公平！不公平！"

"老师，您偏向女生！"

还没等老师说话，男孩子们就叫嚷起来。

"怎么了？"

"您应该给男生和女生同样多的牌。"

"他说的是什么意思啊？"老师询问孩子们。

学生们又复述了刚才那个同学的发言。

"哦，你们觉得玩拉大车要分给两个人的牌同样多才公平，是吗？"

"对！"孩子们异口同声地回答道，小眼睛里迸射出无比坚定的目光。

"为什么要分得同样多呢？"老师装作不解地问。

"老师，您要是分得不一样，肯定是牌多的那个人赢啊，当然就不公平了！"一个孩子站起来迫不及待地回答道。

"你们也是这样的想法吗？"教师征求其他同学的意见。

孩子们使劲儿地点了点头。

"好，那就尊重你们的意见！"老师顺势在黑板上写道"同样多——公平"。

"你一张、她一张，你一张、她一张。"老师边说边重新发牌。

"太慢了，老师你这么分得分到什么时候呀！"几个孩子心急如焚。

"那我怎么分呢？"老师面露难色。

"老师，您可以两张两张地分。"一个孩子提议道。

"那也慢，可以五张五张地分。"另一个孩子声音更大，希望老师能够采纳自己的意见。

"还可以十张十张地分，有那么多牌呢！"孩子们各抒己见。

"行，尊重你们的意见，咱们先来十张十张地分。"

分到还剩十张牌的时候，学生们突然让老师停了下来。

"咦，为什么让我停啊？"老师想继续分牌。

"老师，剩下的牌不够分了。"

"什么意思？"老师挠了挠头，装作不解地问。

"还剩十张牌，不够分给两个人了。您要给了男生，女生就没有了，这样分就不公平了！"一个孩子努力表述着自己的想法，其他孩子听了也都频频点头表示同意。

"哦，必须分得的牌同样多才公平，你们同意吗？"

"同意！"孩子们大声地回答。

这回老师按照孩子们的想法，一张一张、两张两张地把手中剩余的牌分完。

"这回行了吗？"

"行了。"

"为什么行了？"

"两个人手中的牌同样多了，公平了就行了。"

老师终于把手中的牌按照孩子们的想法分完了。看着男生和女生手里拿着同样多的牌，孩子们开心地笑了。

"孩子们，总结一下，我们可以怎样分这些牌呢？"这时老师让学生回忆刚才分牌的过程。

"可以十张十张地分，可以五张五张地分，还可以一张一张地分。"

"平均分"是一节经典老课，很多老师都有很深的研究，也积累了一些好的教学经验。在教这部分内容的时候，在借鉴这些好的经验的同时，老师也会碰到一些新问题。

一是学生看到"平均分"三个字，便能脱口而出用除法列式，而且有一部分学生会用乘法口诀和除法算式来解决问题。当学生表现出不同基础的时候，如果老师仍想使用自己事先备好的教案，而不能正视学生在课堂上的精彩表现，那么就是"心中有案，目中无人"了。

二是要让学生经历"平均分"的过程。教材想体现的意图很好，但当例题中出现"要把15个橘子平均分成5份"的学习材料时，如果学生很快用口诀或除法知识得到了每份的个数，就很难体验到用多种策略来平均分的过程。有了问题，就要思考这节课怎样上才能让学生产生学习的兴趣，怎样让学生带着疑问体会平均分的过程，并最终理解平均分的含义。

其实影响学生学习最主要的因素是学生已经知道的东西，因此我们应该根据学生已有的知识状况进行教学。也就是说，教师在进行教学之前首先要了解学生已有的生活经验和知识基础，即读懂学生。在此基础上，再根据学生的实际状况做出调整和处理，以满足不同层次学生的学习需求。

那么，在具体的教学中，如何进行实践，达到课堂教学的效果呢？

答案是从学生的学习起点出发，以学定教，让课堂教学更有实效。例如，利用学生喜欢的扑克牌游戏作为导入环节，在经历"平均分"的过程后，为学生提供思考空间。

在总数不能很快数清的情况下，有的学生提出用一张一张平均分的方法进行多次平均分，有的学生提出两张两张、五张五张、十张十张地分的方法。通过调整教学方案，学生带着已有的知识经验，选择自己理解的方法进行操作，在交流的过程中展现了独特的思维，经历了平均分的多种分法，理解了"每份分得同样多就公平了"，这样有效地促使学生主动构建知识。在获得关于平均分的多种方法的同时，学生的思维能力也得到了发展。

教学是一条折线，教师始终在寻找起点与目标之间的最短距离，每一段过程都是师生一起选用一定的学习材料和学习形式，通过互动、对话，从起点迈向终点的过程。因此，在课堂教学这个师生双边参与的动态变化的过程中，要成功地迈向终点，还需要我们不断地改进教学行为，带着智慧去解读和调整教学活动，要将"以教论教"转变成"以学定教"，从促进学生成长的角度来演绎课堂。我认为"读懂学生、读懂教材"是最关键的，只有读懂、读准、读深，课堂才能精彩，才能真正实现为学生发展服务的目标。

（二）"期望×价值"：关注学生的学习需求和情感基础，激发学生的学习动机，使学习成为学生的兴趣

期望×价值的动机理论表明，为了激励学生学习，必须帮助学生评价学习活动的结果，并且使学生确信，只要做出适当的努力，他们就能获得成功。教学过程中展示学生精心挑选的物品，演示学生的作品，就是对学生最有效的评价，因为这样会使他们感觉到只有经过努力，自己才能有如此出色的成绩，认识到努力与结果之间的内在联系，从而把学习变成自发的行为。

"一个没有受到激励的人，只能发挥其能力的20%~30%；当他受到激励时，其能力可以发挥至80%。"教育就是要无限挖掘孩子们自身的潜能，让他们自己成就自己。

从实际出发，对学生正确地进行表扬和批评，是激发其学习动机的重要手段之一。正确而及时的评价，适当的表扬与鼓励是对学生学习态度、学业成绩的肯定，可以激发学生的上进心、自尊心、集体主义精神等。

对学龄儿童的评价，一般来说，表扬、鼓励多于批评、指责可以更好地激起积极的学习动机。心理学家赫洛克的实验有力地证明了这一点。在

实验中，受试者为106名四五年级的学生，他们被要求练习难度相等的加法5天，每天15分钟。他把被试者分为四个组，在四种不同的诱因情况下进行加法练习。控制组单独练习，不给予任何评论。其他三组为实验组，甲组为受表扬组，主试者宣布学生的名字，予以表扬和鼓励；乙组为受训斥组，主试者宣布学生的名字，并严加训斥；丙组为受忽视组，主试者完全不注意该组学生，只让他们静听其他两个实验组受表扬和受训斥。然后观察不同诱因所起的作用。四个组的平均成绩见图2-1。

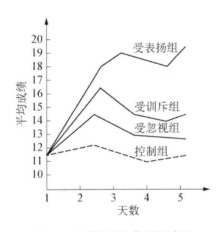

图2-1　正确评价的作用统计图

过分的夸奖也会使学生产生骄傲和忽视自己缺点的倾向，从而引起消极的结果；而在责备时也必须注意采用巧妙的方式，优秀教师会运用评价这一手段在批评的同时肯定学生进步的一面。在激发学习动机时，应从积极的方面把鼓励和批评结合起来运用，在表扬时指出学生进一步努力的方向，在批评时又肯定其进步的一面。

教育心路　从遗憾到双赢

六年级是非课改年级，而现在的课改教材在二年级就编排了"轴对称图形"的教学内容，六年级的大孩子学习这部分知识，生长点到底在哪里？上级领导和一些数学同行把本节课作为研究的素材，一起听课，进行现场剖析。

上课了，孩子们将自己从网上搜集来的大量实物照片、自然现象图片、自然景观图片展示给自己的同伴，述说着对轴对称图形的理解；从剪刀、脸谱到中国的传统服饰，讲述着各种现象的应用……

"同学们，回忆一下，在我们学过的平面图形中，哪些是轴对称图形，哪些不是轴对称图形？"

从具体的图片照片到抽象的平面图形，问题并没有难倒孩子们，他们用轴对称图形的概念逐一科学地判断着："正方形是轴对称图形。""长方形也是轴对称图形。"

"三角形就得分情况了，等边三角形、等腰三角形是轴对称图形，其他的就不是了。"

"梯形也要分不同的情况……"受刚才发言的同学的启发，这个学生跑到讲台前，拿起一张纸，现场做了个"教具"。

"平行四边形不是轴对称图形。"

一个个结论被学生们得出，孩子们有的点头称是，有的补充理由，有的还拿出学具帮助说明，老师和学生都沉浸在精彩的课堂活动之中。

"老师，平行四边形是轴对称图形！"这时，一个孩子大声喊道。

教室里顿时安静下来，大多数学生用疑惑的眼神望着这个"怪异"的发言者。

教学活动本来按计划顺利地进行着，为什么会出现"平行四边形是轴对称图形"的结论呢？现在可是有满屋子的"客人"啊。

"同学们，拿出我们手中的平面图形，挑出轴对称图形，画出它的对称轴，边画边思考平行四边形到底是不是轴对称图形。"孩子们又活跃起来，三四个人一组，剪着、贴着、画着、议论着，然后一个一个汇报着他们的成果。

突然，那个"怪异"的发言者又站起来大声说："老师，我又验证了，平行四边形就是轴对称图形！"

几个同学拿出自己手中的平行四边形反驳："你看，这是平行四边形，沿着哪条线对折可以重合呢？"

"你们手里的平行四边形不是轴对称图形，而我手里的平行四边形就是轴对称图形！"他高高地举起了手中剪得并不规范的特殊的平行四边形，"当平行四边形的四条边都相等时，就是轴对称图形！"孩子的眼中闪烁着亮光。

顿时，教室里鸦雀无声，几秒后其他学生报以热烈的掌声。

"是啊，我怎么就没有想到呢！"学生们嘀咕着，并且用赞赏的眼光看着自己的同伴。

教师在做教学设计时，的确忽略了这种情况。虽然学生们对"菱形"比较陌生，但是"特殊的平行四边形"孩子们是知道的，可以说这是教学设计上的失误，在公开课上几乎"铸成大错"。

"你可以提示大家用剪折的方法验证吗？"

"可以！"

于是，这个孩子带着自信与自豪，指导着同学们操作。讲台前红的、绿的彩纸在孩子们手中飞舞着，一个结论在这飞舞的彩纸间"诞生"了：平行四边形的特例——菱形是轴对称图形，并且孩子们还讲述了对"对称现象""对称图形""对称物体"的认识，展示了众多图片，述说着我国古建筑传统的对称美，畅谈民族服饰对"对称美"的偏爱。在畅谈中，同学们感受着中国传统文化的博大精深！

教师不要总是"拨乱反正"，把自己认为正确、理想的解法"奉送"给学生。有时教师可以故意露个"破绽"，让学生攻击；面对学生的问题可以做出无能为力的样子，激发其他学生来解答。但是这节数学课并非教师"故意而为"，本来是教学设计的失误，在孩子固执地陈述后，只是给了他们一个空间，就将险些出现的"大错"变成了这堂课精彩的一幕。

从遗憾到双赢，这都是孩子们的功劳啊，给他们一个空间，他们就会创造一个奇迹。

（三）关注学生知识基础的策略——指导教师把握、了解学生基础的方法

1.通过课前谈话，把握学生的知识储备，找准教学的起点。

在学习分数知识前，我在四年级的两个平行班中展开了调查，了解学生在学习分数以前是否已经知道了分数的概念，并设计了几个简单的问题：你知道分数吗？你在哪些地方看到过分数？你能提供生活中使用分数的例子吗？

结果让所有老师大吃一惊。（见表2-1）

表 2-1　学生对分数的了解情况

问题	1	2	3
项目	知道	看到过	使用举例
与总人数的比	73：87	73：87	56：87
所占百分比	83.91%	83.91%	64.37%

学生基本上都对分数有所了解，只是了解的程度不同。可见，由于小学生已经有了许多相关的数学知识，很多教材中的"新知识"对学生而言并不陌生。正因为这样，小学生数学学习的实质，就是用自己已有的知识与新知识进行相互作用，进而重新构建自己的知识体系的过程。在听课中我们感受到了教师主动驾驭教材的意识，同时感悟到教师必须关注学生已有的生活经验，合理、灵活地处理教材，不要被教材束缚了手脚。知识，只有进入学生的活动和经验中，才能产生价值意义。教师要敢于放手，让

学生大胆交流，对知识形成系统的理解。

2. 指导学生预习，向课前拓展，让学生养成预习的好习惯。

教师要指导学生进行课前预习，传授预习的方法：精心读书，找到知识点；利用新知识，尝试实践；提出不懂的问题；搜集材料，拓展知识内容。学生会学了，学习后产生了成功的愉悦感，才会形成持久的学习习惯。

某教师教学"求两个数的最大公因数"的预习活动实施状况如表2-2所示。

表 2-2　"求两个数的最大公因数"预习活动实施状况统计

项目	评价指标	人数	比率	备注
明确基础知识	认识公因数、最大公因数、互质数的概念；实践一是准确的，是例题的模仿或变式	15	68%	
能提出问题	和本节课的教学内容有直接关系的	7	32%	例：判断两个数互质有窍门吗？
	为后继学习内容服务的	2	9%	例：求两个数的最大公因数和最小公倍数有什么关系吗？
	无关问题	3	13.6%	
提供拓展性材料	与本章节内容有关系的数学小知识；独特的解题方法；个性的学习方法介绍等	11	55%	其中 3 人提供了有价值的材料，占 13.6%

学生生活在信息丰富的环境里，无处不在的数学现象随时进入他们的认知领域，在对这些现象做出解释的过程中，他们积累了丰富的数学知识。这些知识的获得有的来自成人的帮助，有的来自广播、电视等传播媒体，有的来自自身的感悟。这些知识作为小学生已有知识体系的一部分成为他们进一步学习新知识的基础。指导学生获取知识，养成良好的学习习惯，也是促进学生可持续发展的重要行为。

3. 善用"前测"——有效教学的基石

课例分享 "前测"——教学中的指挥棒

人教版小学《数学》（二年级上册）第七单元的教学内容是"统计"，教学增长点主要就是"以一代二"，至于其他的教学目标（初步体验数据的收集、整理、描述和分析的过程，学会运用简单的方法收集和整理数据，根据统计图表中的数据提出并回答简单的问题），大部分学生已经掌握得不错了。那么，在这三节课中教师还能教些什么呢，又有哪些知识漏洞需要补上呢？

想找出问题，就要先从以下两道前测题开始。（这两道前测题是分别出现的，而且顺序不能改变，因为第二题会给学生启发，如果顺序发生变化，测得的结果就不能反映学生原有的认知水平了。）测试结果如下：

前测题1：请根据下面统计表中的内容，画出条形统计图：

二年级（1）班同学喜欢水果的统计如下：

苹果	梨	桃子	西瓜
8	10	16	7

请你画出统计图（部分学生的答案见图2-2）。

前测结果：全班共有学生28人，其中有12人（占全班人数的42.9%）发现格不够后，接着往上画；有11人（占全班人数的39.3%）发现格不够后，从旁边接着画；有2人（占全班人数的7.1%）发现问题后不会解决；有2人（占全班人数的7.1%）采用了"以一代二"的方法，正确解答了问题；有1人（占全班人数的3.6%）在同一个图中，同时使用了"以一代一"和"以一代二"两种方法。

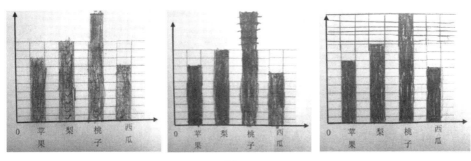

图2-2

由此看来，大部分学生在没有老师提示的情况下，不会想到"以一代二"的解决方法。除此之外，全班28人，在没有老师提醒的情况下，没有人在纵轴上标出一个格表示几，说明这是以往教学中的一个漏洞。

在课堂上，教师还特意布置了下面这个练习（见图2-3）：

最喜欢的动物

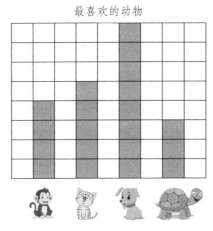

图2-3

从统计表里你能发现，乌龟有几只？

A. 3只　　　　　　B. 6只　　　　　　C. 不确定

课堂上，教师利用"按一按"系统测试了此题，75%的学生选择了"B"，25%的学生选择了"A"，居然没有人选择"C"。

当屏幕中显示大家的选择都是错误的时候，有的学生叫起来："老师，错了吗？"有的学生交流起来："你选的什么？""怎么A、B都错了？"有的学生则陷入了沉思。

过了一小会儿，好多学生明白过来了："哦，明白了，题目里没说一个格表示几，答案应该是不确定！"

随着这一发现，大家都像小鸡啄米般点起头来。教师顺势问道："那我们以后再看统计图的时候，你想提醒大家注意点什么呢？"

"先得看一个格表示几！"

很巧，在单元测试中，真的考了类似的一道题，只不过情境不一样，这次全班学生的正确率为100%。

其实课前进行"前测"，并不是加大教师的工作量，而是让教师了解学生对知识的掌握情况，从而更好地驾驭课堂。可以说，"前测"是教师日常教学工作中最有效的指挥棒！

二、关注学习起点，精心设计预案

孩子进入小学学习数学时已经不是一张"白纸"，而是一张"五彩缤纷"的彩纸。需要我们不断地去发现和研究，使这些原生态的"数学经验"成为他们进行更高层次学习的有力的支撑。我们还不得不去思考这些问题：什么是经验？什么是数学经验？基于儿童的数学经验有什么特点？儿童是通过哪些学习方式获得这些数学经验的？我们在教学中如何积累和改造他们的"数学经验"？需要什么样的教学策略？

教师在进行教学设计的过程中，不仅要考虑课标要求和教材的内容，还要对学生知识与经验的基础进行充分的把握，准确地定位教学目标，合理地设计教学流程，选择恰当的教学方式，引导学生进行有效的数学学习活动。

（一）关注学习起点，激发认知冲突

在教学中，调动学生的学习兴趣，使他们保持积极的学习状态，是实

现高效教学的关键。教师要诱导学生产生疑问，以学生已有的知识、经验为基础提出问题，激发学生的认知欲望，调动学生的学习热情，促进有效学习。

例如，对六年级"统计"单元折线统计图的教学，可以先给学生展示两幅陡缓差距很大、没有标注数据的工资折线统计图。学生基于以往对折线统计图的认识，能明显感觉两位工人工资增长差距很大。然后教师及时补充数据，学生会发现两位工人的工资一模一样，强烈的认知冲突激发起学生强烈的探索欲望，学生能很快找到影响折线走势的原因，在积极主动的状态中高效地完成学习任务。

（二）把握知识生长点，实现同化迁移

在数学教学中，教师要善于把握新知识的生长点，引导学生找到新旧知识的连接点，帮助学生实现同化与迁移。例如，学习分数加减法时，设计 123–49=？、0.23+0.4=？ 等计算题，通过计算让学生回忆以前学过的整数加减、小数加减的计算方法，然后引导学生总结出只有把相同数位对齐才能相加减，进而明白计数单位相同才能相加减。然后，再迁移到分数加减法上来，学生自然就理解了先通分再相加减的道理。

课例分享　对年、月、日的认识前测调查——如何做新旧知识联结

"年、月、日的认识"是人教版《数学》三年级下册第四单元的内容。时间单位是较为抽象的计量单位——年、月、日之间的关系，较以往学习的时、分、秒单位更为复杂。

基于课标中"数学教学活动必须建立在学生的认知发展水平和已有的知识经验基础之上"这一基本理念，学习本课内容势必要以"时、分、秒"的相关知识做支撑，结合学生生活中的一些感性认识和经验来让学生

认识年、月、日。

数学教学要让学生主动地进行观察、猜测、验证、推理与交流。为此，这堂课程的设计应为学生创造便于主动探究的情境，提供观察的资料，引导学生通过观察、猜想、验证、交流等探究过程来认识年、月、日的复杂关系。

学生早在一年级下学期就认识了时间单位中的时与分，在三年级上学期又认识了时间单位"秒"。随着年龄的增长、生活经验的增多，年、月、日的知识也越来越多地出现在他们的生活和学习中。有了较好的对时间单位认识的基础，再来认识年、月、日是十分科学的。至此，也将完成小学阶段对常用时间单位的学习。

然而，我们所谈到的知识基础，真的就是学生的实际状况吗？

来看一看有关年、月、日知识的问卷前测情况。

平行班33名学生问卷调查内容及结果如下：

题目1：你能写出自己的出生日期吗？

57.6%的学生能够用年、月、日准确、完整地表述自己的出生日期。

27.3%的学生能够表述自己的出生日期，但不够准确完整（见图2-4）。

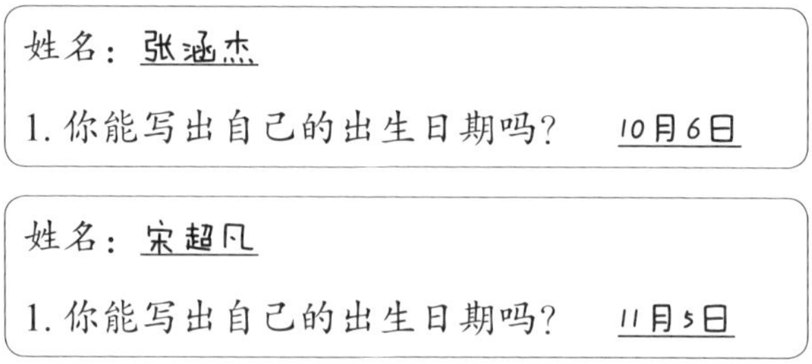

姓名：张涵杰

1. 你能写出自己的出生日期吗？　10月6日

姓名：宋超凡

1. 你能写出自己的出生日期吗？　11月5日

图2-4

由此可见，随着年龄的增长，学生确实对年、月、日这些时间单位有了一定的感性认识，并能够准确应用来表达一些特殊日子，如出生日期。

题目2：我们学过的时间单位有哪些？除此之外你还知道哪些？

对这个问题的回答情况如表2-3所示：

表2-3　学生对时间单位的了解情况统计

项目\类别	能说出时、分、秒时间单位及除年、月、日外的其他时间单位	能够说出时、分、秒时间单位，并能说出年、月、日等时间单位	不能说出时、分、秒以外的时间单位
人数	4人	6人	23人
比例	12.1%	18.2%	69.7%

由此可见，综合前两项，30.3%的学生在生活中对年、月、日这些时间单位有所认识，甚至个别学生知识面广、生活中接收知识能力强，能够说出世纪、微秒、一刻这些时间单位。69.7%的学生虽然知道年、月、日这些名词，但并没有将它们纳入时间单位的范畴，仅限于初步的了解。所以教师应开展有效的教学活动，在学生的知识结构中完善对时间单位的认知。

题目3：你所知道的时间单位，它们之间有怎样的关系呢？

对于这个问题，没有学生能够完整、准确地描述他所知道的时间单位之间的关系。仅24.2%的学生能够说出部分除时、分、秒以外的时间单位之间的关系。例如：1年等于12个月；一刻是15分钟；4个星期大约是1个月；1年等于365天；1天等于24小时。

由此可见，学生对时间单位之间关系的了解是较为粗浅的。这也正是教学的重点。采用何种方式进行学习，如何使学生把握重点，获得系统、正确的时间单位的相关知识，值得教师深入思考，进而精心设计教学环节。

题目4：小强12岁了，可他只过了3个生日，你知道这是为什么吗？他的生日是哪一天？

6.1%的学生明确回答小强出生在闰年（但都把"闰"写成了"润"），

并写出小强的生日为2月29日。9.1%的学生只知道小强是因为4年才过一个生日，也能准确写出他的生日是2月29日，但并没有提到"闰年"。21.2%的学生回答是因为小强4年才过一个生日，但并没有做出解释，也没有回答出小强的出生日期。63.6%的学生明确回答不知道或空着没作答。

由此可见，极个别学生对平年、闰年的知识有一定认识，但对闰年的由来和规律说不清，而且没有人能够完全正确地掌握相关知识。这也是教学的难点所在。教材将难点定位于此是非常准确的。如何呈现生活中不太引起关注的闰年知识，引发学生学习探究的兴趣呢？学生应采用何种方式学习？选择借助怎样的教学工具和媒体辅助教学，才能突破此教学难点？这些同样也是课程设计的要点所在。

年、月、日的主要问题出现在2月这个特殊的月份上，有的年份2月有28天，有的年份有29天，问题就从这里开始。

师：老师为大家准备了最近几年2月的月历，结合资料，你能发现2月天数的变化规律吗？

生：（观察、探究、交流……）每四年2月就有一个29天，2月有29天的这一年叫"闰年"，有28天的年份叫"平年"。

师：现在我们对1年有多少天这个问题应该找到了答案。你该怎样回答呢？

生：平年365天，闰年366天。

深入开展学生调研，能使教师对学生的认知基础有准确的认识，教学过程能自然贴近学生的心理需求，使课堂变成学生主动探索的乐园。

（三）关注和唤起生活经验，促进知识理解

数学是抽象的。怎样让以形象思维为主的小学生理解数学、学好数学，需要教师借助具体、生动、丰富、典型的学习材料，唤起学生的生活经验，丰富学生的感性认识，使数学学习与直观形象和感觉经验结合起来，促进学生对数学知识的理解，培养学生的思维能力。例如，学习相遇问题时，我们可以通过师生表演、电脑动画演示让学生直观地理解生活中司空见惯的相遇问题的特征，知道什么是"同时出发""相向而行"，把学生的经验调动起来，并用直观形象的演示操作加以升华，为学生系统学习相遇问题奠定坚实的基础。

学生在学习数学的过程中，对于不同的学习内容，要运用到不同的经验。对从未在课堂上接触过的数学知识，学生的生活经验就是学习新知识的重要基础。例如，在认识长度单位、认识数字、认识人民币的面值时，尽管学生从来没有在课堂上接触过这些内容，也没有现成的知识经验可以借鉴，但是学生在日常生活中可能已经接触过相关的内容。

有些学生已经认识一些纸币，并且有一些使用经验，生活中这些经验的积累，对于学生系统地学习认识人民币具有很重要的促进作用。这种促进作用主要表现在两个方面：一方面，生活中使用人民币的生活经验可以激发学生的学习兴趣；另一方面，为学生认识人民币奠定了一定的学习基础。

因此在教关于人民币的知识前，要先了解学生对人民币的生活经验——学生究竟在生活中认识了哪些人民币？是通过哪些途径认识的？哪些方面还有问题？有些什么问题？在调查之后，再在学生已有的生活经验的基础上组织认识人民币的教学。以学生的已有经验为基础来组织教学和不以学生的已有经验来组织教学相比较，效果完全不一样。

如果不考虑学生的已有经验，教授关于人民币的知识时教师就拿出一张一张的人民币来让学生认识：哪张是1元的人民币，怎样识别；再认2元的，然后认5元的。这样认不了多少张，学生就不愿听讲了。为什么？因为这些人民币学生都是认识的，在课堂上一张一张地认，学生肯定没有兴趣。

课例分享 认识人民币

人教版小学《数学》（一年级下册）第五单元"认识人民币"属于小学数学数与代数领域中"常见的量"这一部分内容。课标就此部分内容明确要求："在现实情境中，认识元、角、分，并了解它们之间的关系。"

"学生的数学学习内容应当是现实的、有意义的、富有挑战性的。"在有意义、富有挑战的学习内容之外，必须考虑学生所处的文化环境、家庭背景和自身思维方式的不同，即思考如何才能赋予学生生动活泼的、主动的和富有个性的学习过程，从而使学生在学习人民币相关知识的同时提升观察、推理和交流能力，并且对等价转化思想有一定感悟。

1. 关注学生的已有生活经验，找准认知生长点是课程准确设计的前提。

一年级学生对人民币一般并不陌生，有较丰富的感知经验。学生虽然认识人民币的面值，但对不同面值的区分和认知缺乏系统和理性的思考，认识并不深刻。因此，充分分析学生已有经验，并以此作为新知识的生长点，使对人民币面值有一定认识的学生通过交流、学习，认识更加深刻、系统，同时对面值没有区分能力的同学给予有效指导。

2. 将学生的学习放入有趣的故事情境中，激发兴趣的同时，使数学知识"生活化"而又不失"数学味"。

人民币是生活的素材，它所蕴含的知识很丰富，教师很容易上成认识人民币的生活常识课。如何才能实现人民币所蕴含的数学价值，把生活化的素材上出数学味儿呢？

数学是思维的体操，数学课区别于其他学科的显著特征之一便是蕴含的严谨思维逻辑，包括观察、分类、抽象、概括等。

3. 注重知识的拓展和延伸，关注学生情感、态度、价值观的培养。

"认识人民币"的课程蕴含很多人文的内容，合理使用人民币、勤俭节约、爱护人民币等思想教育在整节课中都有所体现。积极、向上的学习态度，健全的人格，良好的品质，对于一年级学生来说比学习数学知识更重要。

"人民币的认识"对比"常见的量"中的其他学习内容来说，知识相对独立、简单，更加生活化，但其价值却不能忽视。

首先，人民币在现实生活中有着广泛的应用，与我们的生活密切相关，学生自然要清清楚楚掌握其基本知识。其次，"人民币的认识"是学生在初步认识时间单位时、分之后，对更多"常见的量"内容的学习。对新领域知识的认识和学习，学生的思维方式和认知领域都会得到拓展。学生由此获得的学习模式和思维方式对今后继续学习时间单位和质量单位、探究其他单位之间的关系也将发挥作用。同时，对人民币知识的学习，可以使学生深刻地感受到数学与生活的紧密联系，体会数学学习的价值，增强喜爱学习数学的情感。

一年级学生年龄虽小，但通过与家长的访谈，我了解到随着社会的进步，人们的物质生活越来越丰富，很多学生都有独立购物的经历，对人民币有一定的认识。学生对人民币的了解程度如何呢？带着这样的问题，我对全班30名学生进行了前测（见图2-5）。

	正确人数	正确率（%）
1	28	93.3
2	15	50
3	20	66.7
4	4	13.3

①__元__角　　②__元__角

③__元__角　　④__元__角

图2-5

在填空题（见图2-6）中，学生对"元、角、分、圆"等汉字的认识率达99.2%。

1. 这些字你认识吗？给下面的字注上拼音。

"元"（   ）"角"（   ）"分"（   ）"圆"（   ）

"壹"（   ）"贰"（   ）"伍"（   ）"拾"（   ）

图2-6

而对大写数字壹、贰、伍、拾（见图2-6）的认识率仅为33.3%。

由以上数据可知：1. 学生对现行流通的新版、旧版人民币的认识无差异。2. 学生对1元以上较大面值人民币的认识情况明显好于对1元以下的小面值人民币的认识情况。3. 学生对1元等于10角这一关系有较好的认识。4. 学生对分币以及分币与角币之间的关系普遍缺乏认识。总之，学生对于人民币缺乏系统的、全面的、深入的认识。

因此，综合多种方法来识记现行流通的纸币与硬币、全面掌握元、角、分之间的关系被确定为教学的难点。

本节课属于认知教学，根据一年级儿童年龄小、缺乏社会经验的特点，需要适当调整教材的教学方式。为此，需要创设一个便于开展合作交流的情境，让孩子了解货币的产生过程。

创设情景

师：在动物王国里，老虎建造一座游乐场。完工后，它要给辛勤参与建造的小动物们支付报酬。小鸭要小鱼；小狗要画笔；小羊要一辆车；小松鼠要……这下子老虎有些犯难了。谁能体谅老虎的难处？（如何支付才能公平？是不是很麻烦？）准备这么多种东西很麻烦，有没有什么好办法既能满足大家，又不叫老虎为难呢？

师：钱又叫货币。人们各自需要的东西不同，最初人们互相靠交换得到自己需要的东西，后来渐渐地有了货币。各国的货币不同，我们国家的货币叫"人民币"。今天我们就来认识人民币。

合作交流，获取新知识

你们认识人民币吗？动物们拿着自己的钱袋子发现了新问题：到底得到了多少钱呢？你们帮忙看一看。

认识100元

师：（指着小鸭的钱袋）你们认识人民币吗？那就来帮小鸭看看，它得到多少钱。你们怎么看出这是100元？

生：钱上写着100，就是100元。

生：红色的大票就是100元。

生：看汉字，写着"壹佰圆"。

师：看颜色、看头像（还可以进行新旧版的对比，介绍四大元帅和毛主席）、看数字100。（你怎么知道是100元？为什么不是100角、100分？）

师：刚才同学们回答的这些方法倒是也可以，但是有些麻烦，有没有让我们认得更准确方便的方法？——可以根据上面的汉字辨别面值，根据背面的拼音辨别面值。同学们看汉字的感觉怎样？有什么疑问吗？

预设：为什么不写作"一"

为什么还有不认识的文字？为什么还有点点和花纹？……

小结：我们一起找到了这么多认识人民币的方法，如对比图案、颜色、大小、汉字、数字，你熟悉哪种方法，就用哪种方法来认识。

这堂课遵循课标的明确要求，充分尊重学生，给予学生充分的时间自主学习，学习知识的同时又提升了学生的观察和交流能力。最后，采用课后练习的形式，对学生所学知识进行评价。

作业：收集有关货币的资料，准备下节课交流

开放性作业是对本课中学生情感、态度、目标的一种检测。学生对作业的达成度直接反映本课教学的效果。

三、关注动态生成，及时调整预案

（一）针对实际情况，及时调整教学重点

教学重点是教师在课前根据目标、教材和学生学习状况确定的，是一节课中要重点掌握的最核心、最基本的内容，教学重点的有效落实是达成教学目标的关键。但是，教学重点的解决往往会随着教学条件的变化而变化，这就要求根据课堂教学的进程，在对学生学习和掌握情况进行分析的基础上，调整重点，以引导和帮助学生更好地学习知识，增强学习能力。

奥苏贝尔指出，影响学生最重要的因素就是学生已经知道了什么。教师要进行有效的课堂教学，首先就要对学生已有的知识经验和生活经验进行深入的调研与分析，因此，教师课堂教学的目标是在尊重学生数学知识的基础上，使学生达到对知识更高水平的理解。

要想真正落实"关注每一个孩子的发展"，就需要"课前调研"，对学生已有的知识经验和生活经验进行调研与分析。

这是真正为学生发展服务、真正提高教学实效的必要途径。教学事实证明：教师通过设计前测题，能够对学生的"四基"有初步的了解，经过细致的统计分析，还能够促进教师和学生共同成长，共同进步。在课堂上每一个学生都得到了应有的关注，薄弱生的基础得到了巩固，优秀生的能力得到了提高，从某种意义上来说，每一个学生的学习需求都得到了最大限度的满足，学生的兴趣得到了激发，学生的学习成绩也稳步提高。

课前调研分享：量角

问题1："二年级的时候我们认识了'角'，你能画一个角吗？"

问题2：在图2-7中，你认为（　　）大，

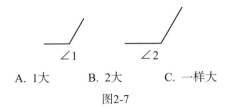

A. 1大　　　　B. 2大　　　　C. 一样大

图2-7

问题3：你知道量角器吗？你知道它是干什么用的吗？你会用它吗？

课前调研共收回问卷24份（见表2-4）。

表 2-4　学生对量角器的了解情况调研

题号	情况	分析
1	有21人画的是直角，有1人画锐角，有2人画钝角，其中1人将"钝角"写成"顿角"	学生对角有一定了解，大部分同学对角的认识比较浅显，个别同学对角的命名掌握不牢
2	生1：把角1放在角2上就可以 生2：用半圆仪测量 生3：边越长角越大（5人） 生4：把多出的边盖上 生5：张开的一样大 生6：图大角就大 生7：尺子量的，3毫米 生8：都是锐角，所以一样大	看来学生原有的知识水平是参差不齐的。有的现有知识存在误区，对"角的大小与谁有关"，可能随着时间的推移遗忘了学过的知识，可能一直就没有弄明白。有的不会用量角器。这对于新课的设计有很大的帮助，因为大部分学生是零起点
3	不知道，不会用	在学生的生活中没有量角、画角的经历

画角怎么这么难？

一根笤帚苗使学生们认识了1度的角，如何让学生们画出89°的角？

这个角可比1°的角大了许多，怎么画呢？学生们开始自己摆弄起量角器来，一边摆弄还一边嘟囔："怎么画啊？"

有的学生在本子上随意画了一个角，然后拿起量角器去量，不对，擦了，再画，再量，又错了……这样反复画好几次也画不对，然后他开始转头看其他学生是怎样画的，与人商量。有的学生利用量角器刻度画出了给定度数的角，但为数极少。时间一分一秒地流逝，5分钟过去了，很多学生还是没有商量出好办法。

学生们经历了艰苦的实验过程，在他们特别需要帮助的时候，老师适时出手，让学生把自己的做法通过投影仪进行展示汇报。

"画一个、量一个、擦一个，太麻烦，怎么才能一下子就画出来啊！"

（看来学生极其不认可来回试的方法）

就在这时，张铮突然跑到投影仪前："先画一个点……"

其他孩子没有表态。

"你认为这样的方法怎么样？"

"好，一下就画出来了。"

张铮的方法得到了大家的赞同："真是好主意！"

于是，老师让孩子们练习画了一个75°的角。

看来画角的基本方法同学们已经掌握了。

"那还有别的方法画出89°的角吗？"

经过启发，学生借助直角概念，利用工具画出已知度数的角。

在此基础上老师追问："你能画一个179°的角吗？"大家异口同声地回答："能。"

只见大家都用量角器认真地画着，利用平角来画。

那272°呢？方法就多了。

李铁琦："90°×3+2°。"史玉玺："180°+92°。"任颖："360°－88°。"这三名同学真聪明，掌握了窍门，很快就能够通过90°和180°计算出结果了。

课上完了，学生们收获不小。张铮为大家想出了画角的好主意，多数学生掌握了画角的方法，李铁琦和史玉玺把知识学得灵活了……

其实只要在课堂上真正关注每一名学生的想法、发言、表情，就能使学生的思维得到发展。

（二）针对生成，及时改变学生的学习方式

在教学预案中，教师已经根据学生的基础确定了恰当的教学方式，但在实施过程中，不同的学生在不同的学习情景下会遇到意想不到的问题和障碍，需要教师有针对性地帮助他们调整学习方法，使得学生能够高效地获得新的知识，教师才能完成既定的教学任务。例如，在学习"三角形的分类"时，由于图形太多，部分学生对分类的思想方法缺乏必要的掌握，很多学生一次分类竟然用了两个标准（角和边）。在讨论交流无果之后，教师需要及时改变教学方式，针对学生不会确定分类标准的思维障碍加以引导，让学生明确一次分类只能用一个标准，根据三角形的特征，可以分别从边、角两个方面进行分类。在教师的讲解、引导之下，学生们排除了思维障碍，教师也顺利实现了教学目标。

课例分享 小数加减法——"多此一问"生成的精彩

衣架：1.8米　凳子：0.4米　身高：1.3米

图2-8

这是一堂普通的数学课，一切都按照事前准备的教学方案进行着……

师：请你算一算衣架比这位小朋友高多少米（见图2-8）。

生：高0.5米。（很多学生很快算出来了）

师：这位小朋友能摘到衣架上的帽子吗？

生：（很肯定地回答）一定摘不到，对他来说衣架太高了。

生：除非给他一把凳子。

其实设计本题的目的就是让孩子利用小数加减法算一算衣架比人高多少，但孩子的回答给了老师启发，于是课堂上有了下面的生成资源。

师：好，那老师提供一把0.4米高的小凳，请问这回小朋友能摘到帽子吗？（孩子们快速地计算着）

生1：老师，还是够不着，因为1.3+0.4=1.7（米），而衣架有1.8米呢！

生2：没错，还是够不着，除非凳子再高点儿。

孩子们纷纷点头表示赞同。

这时老师发现一个孩子一直皱着眉头，便示意他说出自己的想法。

他起立说：老师，我觉得这位小朋友能摘到帽子。

此时班里同学们的目光都投向了他，一些孩子迫不及待地问：怎么可能呢？怎么够？怎么够？

那位学生说：我可不可以到前面做个动作？

这位学生走到教室前面，将一只胳膊举起来，做出摘帽子的动作，这时，坐着的同学也纷纷起立模仿摘帽子的动作，随后是一片恍然大悟的赞叹声。

生：老师，可以摘到帽子，因为还有胳膊的长度呢！

生：确实可以够到，即使胳膊不够长，我还可以踮脚尖。

生：或者蹦起来够，能摘到、能摘到。

毫无疑问，这是一堂精彩的课程。精彩之处在于教师针对生成及时调整了教学方法，而且调整得自然顺畅。课堂上，同学们举手摘帽子的画面以及恍然大悟的赞叹声令人久久不能忘怀。

课后，教师重新设计了"小数加减法"这节课，又一个"新生儿"诞生了！新课设计应该有个美好而响亮的名字——"联系生活才能学好知识"。也许是因为"偶得"，所以显得更加精彩，孩子轻松自如地畅游在数学课堂中，学得津津有味、乐此不疲。

课堂上教师的设问是十分重要的，而教师的提问经常要根据学生在课上生成的资源进行调整，本节课的"多此一问"就生成了更多的精彩。

有人说，课堂教学是不可预估的精彩。在动态生成的观点得到普遍认同的今天，教师的教学智慧也显得特别重要。因为只有教师的教学智慧才能变尴尬为精彩、变腐朽为神奇，使非预设生成催生课堂的活力。

（三）针对反馈，及时设计跟进练习

在课堂练习中，由于学生间的个体差异，对同一个问题会有多种不同的解决方法，也会出现各种不同的错误，及时反馈整理很有必要，能够帮助老师及时掌握学生学习状况。同时，教师要加强课堂巡视，搜集信息，针对在反馈中出现的重要问题，组织有效的补偿跟进练习。如果错误是普遍出现的，说明教师对某个知识点的教学出现了问题，要及时改进。习题的形式是多样的，可以是口答、笔答、实践操作，也可以是判断、选择、计算等，然后通过小组合作交流、全班汇报，让所有学生都能有所收获。

第二节　四大有效利用，促进知识主动构建

先讲一个真实的故事。

有一次，化学家李比希到一家化工厂考察。当时工厂正在生产一种名叫"柏林蓝"的绘画颜料。工人们把溶液倒入大铁锅，然后一边加热，一

边用铁棒搅拌，发出很大的响声。李比希看到工人们搅拌时非常吃力，就问："为什么要这样用力呢？"一位工长告诉他："搅拌的响声越大，柏林蓝的质量就越高。"

李比希反复思考：搅拌的声音和颜料的质量有什么关系呢？回去以后，他就动手实验，最后查出了原因。他写信告诉那家工厂，用铁棒在铁锅里搅拌，发出响声，实际上是使铁棒和铁锅摩擦，磨下一些铁屑，铁屑与溶液产生化学反应，提高了柏林蓝的质量。如果能在溶液中加入一些含铁的物质，就不必用力磨擦铁锅，也能提高柏林蓝的质量。

那家工厂按照李比希的话去做，果然提高了颜料的质量，还减轻了工人的劳动强度。

工人们发现"搅拌的响声越大，柏林蓝的质量就越高"，其实说明了搅拌的响声与柏林蓝的质量有联系，由此，工人们变得"聪明"了，有了预知的能力，选择了能产生好效果（高质量柏林蓝）的做事方式（用力搅拌）。但是，他们并不知道其中的缘由。这就是经验。

与此相对，李比希弄清了产生好效果的本质原因，找到了两者之间内在的因果关系。不仅知道"怎么样"，还知道了"为什么"，这就是科学与经验的最大区别。杜威说："教育就是经验的改组或改造。"我们可以说"经验是知识'出嫁前'的形态"。

建构主义认为："学习不是被动接收信息刺激，而是主动地建构意义，是根据自己的经验和背景对外部信息进行主动的选择、加工和处理，从而获得自己的意义。"这段话除了强调学生要主动地建构知识外，还十分强调学生的已有基础和经验对学习的促进作用。

没有自己的"经验背景"，就无从对信息进行"选择、加工和处理"，也就无从进行主动建构。学生的已有经验是主动建构新知识的基础和前提，这一点从理论和实践上都得到了证实。所以《义务教育数学课程标准》明确指出："数学教学活动必须建立在学生的认知发展水平和已有的知识经验基础之上。"这里需要讨论的是，怎样确定学生具有哪些相关经验？这些经验对学习活动具有哪些促进作用？怎样有效地利用学生的已有经验来促进学生的发展？通过多年的研究与教学实践，我对学生已有基础和经验对数学学习的影响以及如何利用学生的已有基础和经验来促进学生进行主动知识构建有了更多认识。

一、有效利用学生生活经验，拓展思维空间

精彩数学课各个环节的起点往往非常适应学生认知发展水平和已有的经验基础，教学内容能够贴近学生生活，有利于唤醒与积累学生经验，教学过程也是以学定教，顺学而导，动态生成的。关注学生的学习起点，有效利用学生经验，可让学生的学习过程如沐阳光，自然生长；通过趣味操作，思维自然流淌；在情境交流中，强健创新的羽翼。

那如何有效利用学生经验，促进新知迁移与建构，推动学生主动发展呢？

（一）尝试操作，探讨核心问题

课例分享 **数学课很好玩！**

这是在讲授"圆的认识"的课堂上。

师：（拿出一个圆规）同学们认识这是什么吗？

生：这是圆规。

师：你是怎么知道的？给大家介绍一下你认识的圆规。

学生介绍后老师补充说明。

师：刚才我们认识了圆规，那你们知道圆规是干什么用的吗？

生：画圆的。

初次画圆

师：你能尝试用圆规画一个圆吗？打开草稿本，用圆规任意画一个圆，一边画一边想，画圆的时候要注意些什么。

学生画完后交流汇报。

生1：画圆的时候针尖的中心点不能变。

师：就是针尖那一只脚的位置不能变是吗？

生1：是的。

师：变了会怎样？

生1：针尖的位置变了，就画不成圆了。

生2：角度也不能变。

师：什么是角度，在哪里？

生2：就是圆规两只脚张开的角度不能变。

师：两只脚张开的角度不能变，实际上就是两只脚之间的距离不能变。

师：用圆规画圆的方法是什么？能把你的画圆步骤说一说吗？

生3：先把圆规的两只脚分开适当的距离，再把带有针尖的一端固定在纸上，最后把带有铅笔芯的一端旋转一周就可以画出一个圆了。

再次画圆

师：请同学们再画一个圆。现在画的圆要和刚才画的大小不一样，用刚才学习的方法画。

师：（展示学生画的圆）这两个圆有什么不一样的地方吗？

生1：大小不一样。

师：很奇怪，同样都是用圆规画圆，为什么两次画出的圆大小不一样？

生2：圆规的角度不一样。

生3：我认为是圆规两只脚之间的距离不一样。

师：（板书"大小——两脚距离"）两个圆有什么不一样？

生：中心点变了。

师：中心点变了导致什么变了？

生：圆的位置变了。

由此引导出圆心的概念。

在教学过程中，教师要始终以学生的生活经验、语言表达习惯、对每次活动的理解程度为起点进行核心问题的引导和探讨，凸显出圆心与半径的核心问题，使学生在活动中体验、感悟，并通过尝试、交流、讨论，使零碎的操作经验变得系统，在这个过程中圆的各部分名称也水到渠成地得到了揭示。

（二）铺垫经验，拓展思维空间

数学课是活动的课堂，更是研究的课堂、建构的课堂。在教学中，为了拓展学生的思维空间，提高探究活动的实效性，教师往往要进行经验铺垫，指引研究方向，使学生的研究有形式、有层次、有深度。例如，在教授"三角形的三个内角和"一课时，为了让学生自主探索出用画、折、拼、分的方法验证三角形三个内角和是180°，精心设计的提问与教学铺垫就显得尤为重要。

课例分享 "三角形的三个内角和"教学片段

师：（教师展示两条直线相交成四个角的图形）你看到了哪些关于角的知识？

生：角1与角2组成了平角；角1与角4是锐角，并且相等；四个角组成了一个周角。

师：（将上图角度变小一点）什么变了？什么没变？

生：角1、角2的度数变了。角1由锐角变成了钝角，角2由锐角变成了钝角。四个角组成一个周角没变。

师：我们在研究数学问题时，常常在变化过程中寻找不变的量。当角1成直角时，其他三个角是什么角？

生：是直角。

师：那请学生们想一想，在我们以前学过的图形中，还有哪些图形也有四个直角？

生：我们学过的长方形、正方形也有四个直角。

师：我们把长方形和正方形的四个直角叫作它们的内角。那长方形、正方形这四个内角和是多少度呢？

生：360°。

师：还有哪些图形中也有直角？

生：直角三角形。

师：那三角形有几个内角？什么叫三角形的内角和呢？

生：三角形有三个内角。三角形三个内角度数的和叫作三角形的内角和。

在这个教学片段中，能明显感受到教师在用"变与不变"的数学思想进行教学。教师通过两条直线位置的变化，让学生观察思考，体验角的度数发生的变化，并引导出长方形与正方形有四个直角，让学生联想四个直角可以转化为一个周角来理解。并且也传授"三角形三个角度数发生了变化，但三角形内角和是180°这一不变的规律"知识点，在不知不觉中，学生已经明白什么是内角，什么是内角和。这为后面研究"三角形的内角和"扫清了概念理解上的障碍。由此，学生在后续验证活动中就能轻松自如了，如验证直角三角形三个内角和，学生可根据长方形与正方形的关系得出；研究锐角三角形与钝角三角形时，学生的方法有3种：拼画三个角为一个平角、把三个角拼折成一个平角、在三角形内画一条高，将其分成两个直角三角形，再进行计算。这些方法的习得，都来源于教师在课堂设计中的铺垫。

（三）唤醒旧知，动态生成素材

学生在社会、家庭及电视、网络、书刊中积累了大量的生活经验和基础知识，在教学中，教师应根据学生的学习起点，主动与学生沟通，让学生展示和交流，合理引导生成素材，并对生成的素材进行有效运用，建构动态的、富有生命力的原生态课堂。

课例分享 "分数的意义"教学设计 --------------------

唤醒旧知

师：1/4是什么数？对于1/4你已经了解了它的哪些知识？

生1：我知道 1 是分子，4 是分母。

生2：表示把一个图形平均分成4份，取其中的一份。

生3：把一个物体平均分成4份，其中的一份就是1/4。

回忆一个物体

师：应该如何表示1/4呢？

生1将黑芝麻糕平均分成四份。生2将三角形按等底等高平均分成四份。生3将正方形平均分成四份。

此部分运用的是学生生成的素材，既唤醒了学生的旧知，又了解了学生的经验，还为后续对1/4的系统学习做了铺垫。

（四）开发情境，促进新知迁移

学生是一本书，我们必须用心去研读；学生是活生生的人，我们要用情感去交流。教材有时读来是枯燥的、过时的、平淡的，只有与学生起点思维碰撞时，生成式的教学才会焕发出新的活力，教学内容的呈现才具有新面貌。

在上"素数与合数"这节课时，教学法情境创设发挥了重要的作用。

课例分享 "素数与合数"教学片段

师：用若干个同样大的正方形拼成长方形，你们拼过，有经验吗？（出示教具）3个同样大的正方形拼成一个长方形，会有几种情况？

生1：摆一横行。

生2：还可以摆一竖行。

教师组织学生把这两种回答合并为一种情况，并用乘法算式1×3表示。

师：6个同样大的正方形拼成一个长方形，会有几种不同的情况？

生1：一种是一行3个，摆2行，用2×3表示。

生2：还有一种是摆成一行，用1×6表示。

师：如果正方形的个数是下面的这些数，你能很快判断出哪些只能拼出一种长方形，哪些能拼出几种长方形吗？5、8、7、11、12、15、16。

学生独立思考后，陆续举手抢着回答。

生：5个、7个只能拼出一种长方形。

生：还有11呢。

生：8个、1个、15个、16个能拼出好几种长方形。

师：你们很快就得出了答案，肯定有好的方法。同桌的两人交流一下。

生：5只能由1×5得来，别的两个数相乘算不出来，所以只能拼出一种长方形。

生：老师，7和11也是，只能是1×7和1×11。

生：8不仅有1×8，还有2×4，所以能拼出2种长方形。

生：12除了1×12还有2×6、3×4，所以也能拼出几种长方形。

生：15和16也都是这样的情况。

师：你们的回答太精彩了。想一想，实际上你们就是找了这些数的什么数来分析的？

生：我知道了，是找了它们的因数。

师：对啊。你们是从因数这个角度来分析的。这样我们就把前后知识联系起来了。

师：按照刚才的分析，你们觉得将上面这些数分类，可以分成几类呢？

根据学生的回答师生探讨得出1应单独为一类。

在这堂课上，水到渠成地让学生接受了素数与合数的概念。此教学片段设计，基于"做数学""玩数学"的理念让学生在想象操作中体验着拼、摆、探究的乐趣，动态建构了数学知识，提升了学生的数学素养。

总之，要想有效利用学生已有基础和经验，我们就得让学生在教学过程中多尝试、多交流，了解学生的基础，在课堂设计上运用"玩数学"与"做数学"的理念，从拓展学生思维入手，创设活动探究情境，促使学生在活动中主动参与、主动建构、主动发展。

二、有效利用学生已有认知基础，增强关联性思考能力

很多数学知识都是按循序渐进、螺旋上升的方式编排的。也就是学生在学习新知识的时候，可以以已经掌握的相关知识作为认知基础。

例如，100以内的加减法，可以20以内的加减法作为认知基础；三步计算可以两步计算作为认知基础。因为这些知识之间都具有关联性，例如，20以内的加减法的计算方法与100以内的加减法的计算方法就有关联，这种关联可以对新的学习提供强有力的支持。从这个意义上来说，"学习是经验的重新组织和重新解释的过程"。所以，面对学生已经通过学习获得一些认知基础的情况，要充分利用学生的已有认知基础，促进学生进一步的学习和发展。

充分利用学生的认知基础的重点在"充分利用"上。

所谓充分利用，就是重视学生已掌握的知识与将要学习的新知识之间的关联性，让学生感受新旧知识是怎样关联的，它们的联系和区别表现在什么地方，这样来促进学生主动应用知识的关联性来思考新问题的解决方法。

课例分享 异分母分数的加减法

大部分学生有预习的习惯，很可能在课前对这部分知识已经进行了预习。他们知道"先通分再加减"的法则，能够进行计算，但对为什么要"先通分再加减"则较少思考，对如何发现规律从而巧妙地计算思考得甚少。最终解决问题的数学理念是什么，学生更不会提炼出来。

要让学生懂得算理，正确熟练地计算，有寻找规律的意识，会巧算，感悟"转化"的数学思想和方法，并且主动联系生活中的现象进行思考，就必须引导学生观察、组织学生讨论，使学生能有条理、清晰地阐述自己的观点，从而培养学生的分析概括能力、灵活计算能力。同时课程的设计一定要能激发学生积极参与数学学习活动的兴趣，并使学生从中获得成功的体验，增强自信心，最终渗透"转化"的数学思想和方法。

一、以旧引新，利用好学生的已有基础

这堂课一开始，教师先板书引出了口算环节。

$$\frac{4}{7} + \frac{2}{7} \qquad \frac{4}{5} + \frac{1}{5} \qquad \frac{2}{9} + \frac{8}{9} \qquad \frac{5}{6} - \frac{1}{6} \qquad \frac{4}{5} - \frac{2}{5} \qquad \frac{7}{10} - \frac{3}{10}$$

问：怎样计算同分母分数加减法？计算结果要注意什么？

二、探究新知，开始过渡

然后开始教学。$\frac{1}{2} + \frac{1}{4} = ?$

教师设计了这幅图片，请学生分别用分数表示浅灰、灰、深灰部分。

然后，求浅灰和灰共占长方形的几分之几。

列式：$\frac{1}{2}+\frac{1}{4}=$?

把下面的内容交给学生研究：

1）它们可以直接相加吗？（生：不能，因为分母不同也就是分数单位不同。）

2）你有办法算出 $\frac{1}{2}+\frac{1}{4}$ 的结果吗？请同学们以4人为单位分成学习小组进行讨论，用以前学过的知识来解决这个问题，比比谁的方法最多、最科学。（教师巡视）

3）学生小组合作完成任务。每个人先独立思考，再将自己的想法在小组内交流。

4）监控：观察这张图得出结论；通分；将两个数都化成小数。

5）学生汇报讨论结果，根据学生的发言结果板书。提问：如果要你从这几种方法中作选择，你选择哪种？为什么？学生各抒己见。

很快，学生就这个问题提出了三种解决方法。

方法一：把 $\frac{1}{2}$ 和 $\frac{1}{4}$ 用通分的方法转化为同分母分数。

$$\frac{1}{2}+\frac{1}{4}=\frac{2}{4}+\frac{1}{4}=\frac{3}{4}$$

方法二：化成小数。

$$\frac{1}{2}+\frac{1}{4}=0.5+0.25=0.75$$

方法三：对照图，直接看出来。

6）请学生总结最佳方法

师：如果让你选择计算异分母分数加减法，你选择哪种方法？为什么？

（研究问题，不仅要找到解决问题的方法，还要在众多的方法中找到最合适的，这是我们每个人都应掌握的本领。）

7）让学生尝试练习

$$\frac{7}{8}+\frac{5}{12}=\qquad \frac{5}{6}-\frac{5}{9}=?$$

8）老师总结法则

- 刚才我们研究了几道异分母加法问题，能总结一下是怎么做的吗？

- 出示法则：异分母分数相加、减，先通分，然后按照同分母分数加、减法的法则进行计算。

- 在得到法则的过程中，有一种数学的思考方法，你知道吗？在生活中我们也常用到，你能举个例子吗？（转化：曹冲称象的办法，见图2-9）

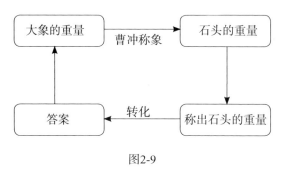

图2-9

9）根据这个图你还可以列出其他算式吗？试列出算式再计算：

$$\frac{1}{2}+\frac{1}{8}=? \quad \frac{1}{4}+\frac{1}{8}=? \quad \frac{1}{2}-\frac{1}{8}=? \quad \frac{1}{4}-\frac{1}{8}=? \quad \frac{1}{2}-\frac{1}{4}=?$$

三、强调验算方法

分数加、减法怎样验算呢？（验算方法与整数加、减法的验算方法相同）

验算刚才我们计算的 $\frac{1}{2}+\frac{1}{8}$、$\frac{1}{4}+\frac{1}{8}$、$\frac{1}{4}-\frac{1}{8}$、$\frac{1}{2}-\frac{1}{4}$ 的结果是否正确。选一道题进行验算，最后巩固强化练习。

纵观整堂课，学生完整经历了如何将异分母分数加减法转化为同分母分数加减法的过程，理解异分母分数相加减为什么先通分的算理，从而掌握异分母分数加减法的计算法则，能够正确运用法则进行计算。

在小学数学教学中，教师应注重结合生活中的素材帮助学生理解和巩固所学习的几何知识，根据生活中的实际情况和学生已有的生活经验和知识基础，创造性地使用教材，对练习题进行改编。

题目分享 "以不变应万变"——周长计算练习

"一块长方形菜地，长6米，宽3米。四周围上篱笆，篱笆长多少米？如果一面靠墙，篱笆至少要多少米？"

这道题一共有两个问题，解答第一个问题"篱笆长多少米？"只需要套用长方形周长的计算公式，所以，一般学生不会在解答方法上出现问题。那么教师需要指导的是第二个问题。关键是要让学生搞清楚"一面靠墙"的含义和究竟是"哪一面靠墙"。学生在仔细观察图片后，明确了这道题是一条长边靠墙，在计算篱笆长度的时候只要算出两条短边与一条长边之和就可以了。（或利用长方形周长计算公式算出整个长方形的周长再减去靠墙的长边长度即可，等等。）

书中的练习题的呈现方式是图文并茂，学生能直观地理解题目的意思，而作为教师需要思考的是：如果没有图，学生光从文字表述能够解决问题吗？我们对于学生解题能力的培养不能仅仅停留在解题这一环节，更重要的是选用什么方法进行解题。

于是在完成书中这道题的基础上，题目被进行了改编："一块长方形菜地，长6米，宽3米。如果一边靠墙，可以怎样围篱笆？"这道题虽然只有一问，但认真审过题目之后，我们不难发现，围篱笆的方案可以有两种，如图2-10所示：

（1）都是长边靠墙。

（2）都是短边靠墙。

这样一来，题目的难度提高了，学生思考问题时要将简易图画出来帮助理解题意，教师鼓励学生从不同角度思考问题，教给学生利用画图的形式来解决问题的方法。

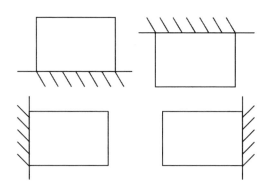

图2-10

在掌握了两种不同的围篱笆的方案之后，联系生活实际，又可以将题目稍稍改动，变为："一块长方形菜地，长6米，宽3米。怎样围篱笆最节省资金？"学生在掌握前一道题两种解法的基础上进行解答。学生不仅要计算出两种方案，还要考虑到实际情况"怎样围最节省"。怎样最节省？当然是材料越少越省资金。学生认识到这一点，马上就会考虑到边的问题。如果是长边靠墙，那么周长=2×宽+长，如果是短边靠墙，那么周长=2×长+宽。相比之下，还是长边靠墙更节省材料，从而资金也就最节省。

教师要善于创设问题情境，让学生在探索活动中发现、掌握知识，并灵活运用长方形周长的计算方法来解决实际问题，使学生感受数学与生活的联系，把课堂中的练习拓展到更广阔的生活中去，教给学生解决问题的方法，以不变应万变，方法掌握了，解题对学生来说就变得很容易了。

三、有效利用学生已有的认知策略，促进学生主动发展

认知策略是认知程序、规则、方法、技巧的总称。而这些程序、规则、方法、技巧在数学学习中具有普遍适用性，即这些程序、规则、方法、技巧不但适用于这部分数学内容的学习，还适用于相关数学内容的学习。正因为认知策略具有普遍适用性，在数学学习过程中，有效地利用学生已经掌握的认知策略，能促进学生的主动学习和主动发展。

四、有效利用学生错误资源，变废为宝突破新境界

黑格尔说："错误本身乃是达到真理的一个必然环节。"怀特黑德说："畏惧错误就是毁灭进步。"可见，错误可以促进人的成长，学生更是在经历各种"错误"的过程中成长起来的。我们不应视学生的学习错误为"洪水猛兽"，而应珍惜学生的"错误资源"，借助"错误资源"读懂学生的思维，读懂学生认知，读懂学生的知识结构，进而做出正确诊断。

"人非圣贤，孰能无过。"在课堂教学中，我们经常由于种种原因产生始料未及的错误。对于这些错误，如果我们能进一步分析原因，并透过错误发现错误中蕴含的创新因素，适时、适度地给予点拨和鼓励，就可变"废"为"宝"，帮助学生突破眼前的境界，让学生体验思维价值，享受思考的快乐。

（一）学生出错现状及认识现状

在现实的课堂实践中，我们看到的往往是另一番景象：不少错误常常被忽略。

有时对正确答案的期待使教师选择性地看到了"正确"，而对错误"视而不见"。

2. 有时对个别学生的错误，教师在课堂上用宝贵的教学时间来处理，对其他学生而言是浪费时间。

3. 有时对学生出人意料的发言，教师不能做出准确及时的判断而不知所措……种种原因导致错误最后未得到处理，学生根本没有得到任何关于想法正确与否的或含蓄或直接的反馈。

小学生的知识背景、思维方式、情感体验和成人不同，他们的表达方式也可能不准确，在数学学习中难免会出现各种各样的错误。

学习错误是指由于受知识经验和思维能力的限制，学生在认知过程中出现的种种偏差和失误。错误总是和真理不可分割地联系着的。全国知名教师叶澜说："学生在课堂活动中的状态，包括他们的学习兴趣、积极性、注意力、学习方法和思维方式、合作能力与质量、发表的意见、建议、观点、提出的问题与争论乃至错误的回答等，无论是以言语，还是以行为、情绪方式的表达，都是教学过程中的生成性资源。"

我们教师应用看待资源的眼光看待错误，让学生在纠错、改错中感悟道理，领悟方法，发展思维，实现创新，这样才能促进学生的全面发展。

（二）如何分析学生

1. 从老师教学的角度切入

有一个教学片段：当学生计算出1＋2＋3＋4＋5＝15，兴冲冲地举手告诉老师时，老师说："做得真好，你为什么得出是15？"

学生木然地看着老师，说不出话。老师又问："其他同学谁能回答？"

无人应答，教学陷入尴尬。看了这个教学情境，不得不让我们产生很多的联想，发生这种情况，真的是学生的问题吗？

学生没有回答，可能有以下原因：不想说；算理不清楚，不会说；心里明白，说不出来（表达不好）；不懂老师的问题，不知道说什么。

那么，主要原因究竟是什么呢？

经过深入分析反思，我们不难得出，老师用词不当是学生"不说话"的主要原因。由此产生这样的问题：老师究竟想问什么？

这种情况下应当用哪个疑问词？把"你为什么得出是15"改为"你怎么得出是15的"，是否更贴切？

相关的问题值得我们进一步深思：课堂提问中的疑问词有哪些？每个疑问词应当用在什么情况？

2. 从学生对问题认识的角度切入

如图2-11所示，学生"欲加却减，欲减又加"原因何在？

图2-11　学生习题（加减法）

学生出现的答案不是我们期望的"完美答案"，为什么呢？这就需要我们深入分析：学生做错了吗？什么是真正的错误？学生又为什么会这样写？他们是怎么想的？要回答诸多的为什么，我们就要明确，学生究竟是怎样思考问题的。根据学生的思维规律和学习规律，我们知道学生解决问题首先是从问题开始的，他关注篮子里有多少个水果这个问题，而在头脑中已经有了答案。但是即使学生对输入头脑的知识信息知道了、理解了，要把知道了的知识信息用于实际、见诸行动，以达到实效，还需要一个过程。我们要做某件事，说明我们对此事已有所知了。但是知道了并不意味着一定能做好这件事。学习不只是为了获得知识，更重要的是应用于实际，这是学习的本质问题，也是个体发展的必然趋势和学习的最终归宿。学生的问题在于，很多知道了，但不知道如何运用。

（三）有效利用错误资源的尝试

1. 评价欣赏错误，体验成功

调查表明，频繁的考试和高强度的解题训练，造成了较多学生遇到错误便有"失败者"的心态。因此，教师应更多地关注学生的情感体验，从课堂教学出发，正确引导学生对错误进行分析，从错误中领略成功，实现由"失败者"向"成功者"的转变。

曾听过这样一节数学课，教师以三位学生对同一道题的三种错误解法为研究对象（见图2-12），展开了一堂融知识、技能、情感于一体的数学课，感触颇深。

$$a. \frac{3}{4} \times 0.5 + 2.4 \div \frac{1}{5}$$
$$= \frac{3}{4} \times \frac{1}{2} + \frac{12}{5} \times \frac{2}{3}$$
$$= \frac{5}{8} + \frac{8}{5}$$
$$= \frac{3}{5}$$

$$b. \frac{3}{4} \times 0.5 + 2.4 \div 1\frac{1}{5}$$
$$= 3\frac{3}{4} + 2$$
$$= 5\frac{3}{4}$$

$$c. \frac{3}{4} \times 0.5 + 2.4 \div 1\frac{1}{5}$$
$$= \frac{3}{4} \times \frac{2}{5} + 2\frac{2}{5} \div 1\frac{1}{5}$$
$$= \frac{3}{10} + 2$$
$$= 2\frac{3}{10}$$

图2-12　错误解题方法示例

讨论："面对这些错误，你有什么感觉？"

学生回答：害怕、讨厌、不喜欢。

显然他们是不自信的。于是教师从学生的心理因素入手，让学生分析产生错误的原因。学生各抒己见，并从书写习惯、对数的感知及知识点的掌握等方面找到原因，得出对策——避免粗心。教师进而教育学生体会错题的价值所在，告诉学生要学会从错题中找到知识漏洞，避免下次再犯，使学生在分析错误的过程中，总结经验，养成良好的学习习惯。

2. 巧用错误，引发探究

布鲁纳曾说过："探究是数学的生命线，没有探究，便没有数学的发展。"学习错误是学生积极学习的过程中必然伴随的现象之一。对于似是而非、学生不易察觉的错误，如果教师只告诉学生正确的做法，就难以触及问题的实质，更容易抑制学生主动性和创造性的发展。如果对这些错误巧妙地加以利用，因势利导，多给学生思维的时间和空间，就不仅能使不同层次的学生发现错误，提高学习的积极性，还可以引发学生的探究兴趣。

如教授"长方形、正方形、三角形、圆的初步认识"时，一个环节是让学生利用手中的小棒拼摆图形。学生很快就按要求操作起来。到反馈时，绝大多数学生表示都已摆出了四种图形，少数学生有点疑惑。我让他们说说为什么，其中一个学生说："我只剩4根小棒，拼不出一个圆来。"这时，同桌将自己剩余的4根小棒给了他，他没有再提问。对于学生用有限的几根小棒拼成圆的错误认识，我没有直接捅破，将错就错，在摆出图形的基础上，让学生数一数它们分别有几条边。对于长方形、正方形和三角形，学生的意见是一致的。在回答圆的时候掀起了小小的波澜，思维的火花开始碰撞。有人说圆有7条边，有人说圆有12条边，还有人说圆有20条边。到底圆有几条边呢？学生争论不休，这时我就拿出一个圆让学生来数数有几条边。

学生困惑了，有一个学生站起来说："老师，你拿出的这个圆，数不出有几条边。"

"那么书本上的圆能数出有几条边吗？"我追问道。

学生摇摇头。

这时我让每个学生都拿出圆片，动手摸一摸。学生们一下子就像发现了新大陆，纷纷举起手来。

一个学生说："圆的一圈是弯弯的，我们拼出来的都有角。""那是因为我们的小棒不够了，多一点就会像的。"马上有学生接着说。

我让学生在四人小组里试一试，学生体会更深了。最后在我的引导下学生明白了把许许多多的小棒拼起来，它就会越来越像圆了。

没想到学生一个不经意的错误会引出如此丰富的内容，在亲身体验与探索中，学生不但知道了圆的特征，还初步感受了极限的数学思想方法，同时思辨能力和探究能力也得到培养与发展。

在教学过程中，我们每个教师都应该深入分析，了解学生出错的根本原因，充分利用学生的错误，将学生的错误作为一种资源，因势利导，正确地、巧妙地加以利用，来达到使学生减少错误，提高教学效率的目的。

第三节　校本教研把"关注学生"落到实处

教师带着研究任务去关注学生。

学校是教学研究的基地，校本教研的目的是提高教学质量，促进教师和学生的共同发展。核心是促进教师的专业发展和学生的身心和谐发展。校本教研对创造性地实施新课程、切实提高教学质量、提升教师专业水平具有十分重要的意义。学校开展教学研究，建立与新课标相适应的以校为本的教学研究制度，能够深化课改，而"一切为了每一位学生的发展"是新课标的最高宗旨和核心理念。

在校本教研活动中最常见的模式就是课例分析模式，实际上就是在一节课的课前、课中和课后所做的一系列反思和研讨活动。

校本教研案例：简单的小数加法

学生学习本课的知识基础是整数加法和元角分与小数互化。按照《义务教育数学课程标准》的三维目标，把学校数学组的教师分为三个研究小组。第一组教师负责研究学生"知识技能"掌握情况；第二组教师专注于学生"学习过程和方法"的研究；第三组教师专注于学生"情感、态度和价值观"的研究。各组教师按各自的研究任务开展校本教研，把"关注学生"的重点落到实处。

教研环节一

课前调研学生实态，完善学习方案。

课前调研分析：全班25人，80%的学生课前会计算"小数加法"。对"小数加法数位怎样对齐，为什么？"这个问题，课前明白算理的占24%。应该在指导学生学会算法的同时明白"算理"。在了解"遇到解决不了的数学问题时怎么办？"时，发现15人能够借助旧知识解决问题，有解决问题的愿望和自信。16人没有放弃，选择了问同学、老师或家长等办法。总体来看，大多数学生有一定自主探究的意识。3人准备放弃，还缺乏探究意识。教师应在教学中提供不同的学习资料，帮助不同层次的学生去探究、合作解决问题。

根据课前调研情况，分层设计"小数加法"的探究过程。为每位学生提供一个计数器，一个"锦囊袋"和一张白纸。会计算的学生在纸上写出计算过程，想一想为什么这样算。不会做的，借助老师提供的"锦囊"解决问题。不同层次的学生尝试着用不同的方法解决问题。

讨论教学方案：

A教师提出问题："锦囊"是如何帮助学生学习的？授课教师回答："锦囊袋"设计学习提示。一是解决算法问题："把以元为单位的小数，改写成用元角分表示的形式"。二是解决算理问题："对25.1，2表示2个

10，5表示5个1，1表示1个1/10"。

B教师提出：本课重点是"明算理"，使用计数器并不能帮助学生理解算理。经研究，大家决定本课取消计数器的使用。

C教师提出问题：汇报时如何体现分层？授课教师回答：学生分层汇报。学习较困难的学生汇报是怎样计算的，小结出"元加元，角加角"；一般学生汇报是怎么想的，小结出"把几点几元转化成几元几角，利用旧知识解决新问题"；学习成绩较好的学生汇报为什么这样算，小结出"小数加法和整数加法的法则相同，只要小数点对齐，相同数位就对齐了"。研究组教师共同帮助授课教师完善了教案，准备上课。

在此环节中，同伴互助起到了至关重要的作用。通过群策群力、互动互补的形式，交流经验、解疑释惑、探讨产生新的见解。国内外的教学实践表明，在教师进行教学实践、自我反思的同时，加强校内同伴间的互助指导、专业切磋、协调合作、分享经验，利于学校教师群体中不同思想、观念、教学模式和教学方式的冲突与交流，能够促进教师队伍的共同成长。可以说，教师群体的互助和合作，是校本教研的标志与灵魂。

教研环节二

课中指导学生，观察学生的学习过程。

授课教师按照方案授课，实施情景导入—自主探究—合作交流—汇报总结。数学组教师按课标三维目标的研究任务做现场记录，观察分析学生的学习过程。

教师既要记课堂实录，又要查找课堂中失败的原因；既要记教学活动，又要记学生的学习情况；既要记自己的体会和感想，又要思考改进教学的方式方法。

教研环节三

课后追踪反馈，总结学习效果。

教师分析数学一组学生掌握知识技能的情况：经后测，会计算的占96%。明白算理的从24%上升到100%，能运用自主探究解决问题的，比前测时增加3人，仍有1人放弃，学生学习效果较明显。但教师需要重视个例。

教师分析数学二组学生学习"过程与方法"情况：教师引领不同学生根据自身需求自主探究，独立思考或借助"锦囊"、运用"转化"方法去学习。把几点几元转化成几元几角，利用旧知识解决新问题。学生学会了"整数加法和小数加法法则相同，只要小数点对齐，相同数位就对齐了"。学生不仅会算、明理，思维水平也得到了提高。

教师分析数学三组学生学习"情感态度"状况：学生对本节课感到"轻松"和"喜欢"的占100%。"锦囊"帮助学生得到不同的学习路径，满足了不同学生的学习需求，学习体验是积极而愉悦的。学生的交流，富有真情实感。教师关注学生的学习方法，给予激励性评价，保护了学生的自尊心，帮助学生树立了自信心。

校本教研是以课堂为中心的教学研究，其直接目的是提高课堂教学效率。研究的问题来自课堂，研究的行为发生在课堂，研究的结果也必须落实在课堂上，这样的教学研究，服务于学生的发展，作用于学生学习质量的提高。

一、校本教研管理意识有变化

过去校本教研管理只关注校本教研的形式与制度，借助专家引领，同事互助，教师的专业水平得到一定提高。但在教学中，由于教师对不同学生的预估和生成把握不准，造成课堂教学不到位，学生需求不能得到满足，学生参与学习和对基础知识的掌握不扎实。教学必须因材施教，只有深入研究学生的实际状态，才能站在学生的角度完善教学设计。因此在校本教研中必须把"关注学生"落到实处，使教师成为学生发展的促进者。

关注学生是促进学生发展的前提。一切为了学生，教师为学生而教学，学校的一切管理活动的最终目的在于使教育对象获得全面发展。因此校本教研要把"关注学生"落到实处，引导教师努力关注每一位学生的发展，实现差异教育。教师课前掌握学生实态，了解学生的"最近发展区"。对已经"会了"的学生，重在提升："你是怎么学会的？为什么这样算？"对"不会"的学生，借助"锦囊"提示探究学习的方法。教师对不同层次的学生进行分类指导，课后通过后测反馈，查找问题，进一步改进自己的教学方法。

教育故事 如此"取"与"拿"

小学数学人教版四年级学完了线段一部分内容后，为了区分直线、射线与线段的概念，有这样一道练习题：在一条直线上取一点，这条直线就变成了_____。

答案是两条射线。

可是一部分同学答错了。这么简单的题，为什么还会出错呢？可能有两种原因：一是概念不清，二是不会操作。

于是教师再次在黑板上画了一条直线，从任意位置选取了一点，直观演示了题目的意思，许多同学点头表示明白了。唯独晓泓改了几次，还是回答"一条直线"。

课后教师问她是怎么想的。

孩子没直接回答，而是认真地在纸上画了一条直线，像老师那样在上面选取了一点，然后又出乎意料地擦掉了，旋即把直线接好，指着连接好的直线说："看，不还是一条直线吗？"

教师错愕，问她为什么画好了一点又要擦掉，她说："不是'取'一点吗？'取'就是取走、拿走的意思嘛……"

教师终于找到孩子思维的症结所在：原来问题出在了理解题意上，她是在理解"取"字的意思时出现了偏差。而教师在课堂上并没有发现孩子在此处遇到了障碍，孩子学习中真正的需求被忽视了，难怪她想不通呢！

当孩子真正理解"取"字在这里是"选取"的意思，也就是在直线上任意选取一点，自然将直线截成两部分形成两条射线，而非拿走、取走之意后，她如梦初醒，频频地点头称是，愉快地改对了题目，临走还补充解释说："老师，我课上就想举手问这个问题，可您一直没叫到我！"

孩子的内心真是一个神秘的世界，是我们成年人不了解的世界！他们回答问题时发生错误不是无缘无故的，而是有自己的想法，教师要学会读懂学生的想法，站在学生的立场，钻到他们的脑子里思考问题，只有这样才有可能为孩子们的童年奉献出既"好吃"又"有营养"的数学，才能帮助学生顺利跨越学习障碍，真正满足学生的学习需求。

关注学生是教师提升的基点。教学管理，应该引导教师把"关注学生"落到实处，用学生的问题激发教师的研究热情；用学生的问题诱发教师教学的智慧，通过教研共同设计出有实效的教案。在这个过程中，教师也得到了提升。

二、校本教研管理行为有变化

校本教研管理要做到"三有"。

有研究目标。把"关注学生"作为总目标，落到实处。

有研究分工。依据三维目标，把数学组分为几个研究小组，教师带着研究任务去参加教研活动。教师可集中精力研究一点，力求突破，通力协作，共同提高。

有研究系列。按照课前、课中、课后的研究系列，课前调研，掌握学生实态，完善学生学习方案；课中应用调研结果，指导学生，观察分析学生学习过程；课后追踪，总结学生学习效果，剖析问题，研究提高，形成"以问题解决为目标，以科学的课堂观察为手段，以课例分析为载体，以行动研究为主要研究方式"的校本教研模式。

三、校本教研管理效果有变化

我们把校本教研管理定位为"教师带着研究任务去关注学生"。教学的根本点在于学生的学，教师必须为学生学习服务，以促进学生的学习和发展为中心，因此教师增强了关注学生的意识。关注差异、关注过程、关注细节、关注感受、关注效果、关注学生今后的持续发展，这样促进了学生学习质量的提高，为学生的发展奠定了良好基础。同时，教师也因学生而精彩，教研和教学更有活力。

教师增强了服务学生的意识。数学组教师围绕课标的"三维"目标，带着研究任务去关注学生，为学生的课堂学习认真研究、动真情，增强服务学生的意识，这样的教研和教学才真正能够为学生的发展服务。

合作分享——激活学生动力，构建活力课堂 | 第三章

本章导读

　　在关注学生个体的不同差异和已有基础的同时，采取什么样的教学方式才能解决数学课堂核心的三个问题呢？这三个问题一是学习效率问题，二是从"学会"到"会学"的可行途径问题，三是培养学生"会学"的问题。如何有效地利用不同的教学资源和教学方式组合，给学生提供尽可能多的活动和思考空间，充分挖掘学生的潜能，提高教学活动的效率，让学生在与教师的互动交流中产生成就感，尝到学习的幸福和快乐，是我一直不懈探索研究和思考的问题。

第一节 什么是适合孩子的教学方式

教育不是简单地在知识技能层面上培养"技术工人"，而是注重学生性格的塑造、师生情感的交流、国家民族情怀的培养，注重知识、能力、精神、人格等多个层面糅合起来的综合素质的提高，这就是教学的本来意义——努力促进人的全面发展，即素质教育。如何充分发挥个体的天资和集体合作的力量，使学生在"最近发展区"得到最大程度的提高，是素质教育在课堂教学中的重要课题。

对于绝大多数学生来说，学习从来不是一件轻松的事，它必然伴随着大量脑力劳动，因此学习中的人是会疲劳的，有时甚至是痛苦的。但与此同时，通过模式、形式、方法、手段、工具等创新，我们仍然可以创造出受学生欢迎的课堂。这种创新其实是时代发展的要求和结果，是新时代学生的客观需求，是不可逆转的趋势。

学生眼里的数学到底是什么样的，最适合孩子的教学方式是什么，这些是我一直在思索的问题。

20世纪70年代以来，整个世界特别是发达国家掀起了一轮又一轮的教育改革浪潮，各国几乎不约而同地将课程改革置于基础教育改革的核心。

一场学习的革命正在静悄悄地展开，欧美的学校开始摒弃那种让学生整整齐齐地排列端坐，教师站在讲台中间，按照教材来组织教学的方式，而选择让学生自主地、合作式地、探究式地学习，学习材料丰富而多样，学生可以根据需要从中进行选择，而教师则变成学习的设计者和主持人。就连较保守的法国也逐渐接受合作学习。近年来，亚洲的许多国家，如日本、韩国、新加坡，以及我国的很多课堂都在进行合作学习的探索。

2001年6月教育部印发了《基础教育课程改革纲要（试行）》，至此初步形成适应21世纪需要的基础教育课程改革体系。随着基础教育课程改革方案的实施，对教师的教学方式研究成为课程改革的一项重要内容。随着教育改革的深入，教育对创新的要求越来越高。"灌输式"的课堂显然不再适应教育的发展。

从教学方式的角度看，长期的"灌输式"教育已成为中国式教育的弊端，限制了中国学生的创新意识。于是，教育改革年年创新，在高等教育中也逐渐出现了"分享式课堂"这样创新的字眼。课程改革关注学生的学习兴趣和经验，强调养成积极主动的学习态度，使学生在获得基础知识与基本技能的过程中学会学习和形成正确的价值观；倡导学生主动参与、乐于探究、勤于动手，培养学生收集和处理信息的能力、获取新知识的能力、分析和解决问题的能力，以及交流与合作的能力；强调以创新精神和实践能力的培养为重点，建立新的教学方式，促进学习方式的变革。

为什么合作学习受到如此大的关注呢？与同步学习进行对比，我们就可以看出其中端倪。同步学习强调的是教师对知识的绝对确认和主导，认为教师可以通过各种方式将知识传递给学生，教师传递得越多，学生的收获就越大。而合作学习首先强调学生自身的经验、学习能力以及对学习的选择权。只有经过学生的大脑思考和自己动手操作，知识和能力才能被真正习得。同时，合作学习还强调学生之间的互助和互惠。学生必须借助一定的外力来学习新的东西，这种外力不应该首先来自教师，而应该来自同伴，因为同伴也是新知识的学习者，他们了解新知识的不同方面，同伴之间在知识、思维等方面的差异使新的学习成为可能。

有时传授是变"学会"为"会学"的。叶圣陶先生指出："教是为了不教。""教师当然须教，而尤宜致力于'导'。"教，重点不只是传授知识，更是启发、引导、培养能力；不教，是在教师的引导训练下，学生拥有自学的能力，也就是让学生变"学会"为"会学"。中国台湾"师铎奖"获得者李玉贵老师说："一个好的课堂，上着上着老师就不见了。"最好的课堂，就是学生"会学"的课堂。学习是吸收知识的过程，只有通过学生的自学、自悟才能有好的结果。

孩子在学习发展过程中形成的每一种能力似乎都包含了两个方面：首先是社会层面的，其次是个人层面的；首先发生在人与人之间，其次发生在孩子内部。换言之，学习是具有社会属性的，孩子从与成年人和同伴的人际互动中所学到的东西构成了形成复杂思维和理解力的基础。随着时间的推移，这些技巧、学习和思维过程逐渐内化，进而可以由孩子独立使用。

这些年我专注研究适合孩子的教学方式，在实践层面，一直从以下几个方面进行探索：

一是学习效率问题。合作分享式教学是否能促进学生自主高效地学习？美国学者埃德加·戴尔提出的"学习金字塔（Cone of Learning）"或"经验之塔"理论可以说明一些道理——分享是把自己的思考说给别人听，效果比听讲、视听要好得多。

二是从"学会"到"会学"的可行途径问题。变教为学，把课堂上以教师"讲授"为主的教学活动，改变为学生自主或合作开展的"学习"活动，让学生的学习活动占据主导地位并且贯穿始终。这种教与学的易位追求的是让每一位学生都受到关注，让每一位学生都有活动，让每一位学生都获得发展。

三是培养学生"会学"的问题。在交流中让学生产生成就感，尝到学习的幸福和快乐。商界有言，只有把产品变成商品才能带来财富，学习也一样，只有把你的想法分享给大家，你才能体会到思考的价值，而这又有助于自信心的形成。

四是对形成平等、民主、自由的课堂文化的思考。要分享他人的智慧，心中就要有他人，要理解、认可和欣赏他人的创造活动，这有助于民主、平等、自由的课堂文化的营造。

五是如何让"教师教得轻松，学生学得快乐"，这一条是最主要的。合作分享式教学把课堂还给学生了，教师教得轻松了，顺应了孩子的天性，学生学得快乐了，这是聚焦分享合作教学研究的主要实践意义。

第二节 传统教学方式的困境与问题

课堂教学是由教师"教"的活动和学生"学"的活动构成的。如果教师"教"的活动占据主导地位，可以称之为"以教为主"的课堂教学。这种课堂教学的最大特点是以教师的"讲授"为主导并且贯穿始终，学生的活动是伴随着教师"教"的活动而出现的，处于被动和被约束的状态，缺少自发性、自主性和自由性。

此外传统教学过分强调学生之间的竞争，忽视了学生之间的合作交流，从而导致同学之间相互排斥，形成不和谐的人际关系。

一、传统课堂教学的主要问题

（一）忽视了学生的天性

谁都知道，爱玩是孩子的天性，但几乎每个人都在无情地剥夺孩子玩的权利，家长和教师犯的致命错误是忘记了孩子的心理年纪，认为"玩"

是没有意义的，只会虚度孩子的大好时光。于是小学生的书包越来越重，他们过着学校—家庭两点一线的单调生活，被牢牢地"粘"在板凳上听课、背书、做题！少数学生成天迷恋网络和电子游戏，依靠这些来缓解学习压力。

（二）忽视了学生学习习惯的养成

社会、家庭、学校在争取让孩子上重点中学、上名牌大学的压力下，把孩子学习的那根弦扯得太紧，把孩子逼得很累。孩子深受应试教育的高压、升学率的威逼，以及心理负担的困扰，根本享受不到任何学习的乐趣，从而把学习视为一种苦"差事"，由对社会、家庭、学校的不满转变为对学习的厌倦。而这一切的表象是没能形成良好的学习习惯，基础知识掌握得不扎实，审题不认真，答题粗心大意，灵活理解运用的知识能力差，综合探究分析问题能力不强，等等。

（三）忽视了课堂教学中学生的主体作用和教师的主导作用

长期以来受传统教学思想影响，一些教师，尤其是一些老年教师教学观念陈旧，教学方式单一：教学中以"我"为中心，教师讲得多，学生被动做题多；特别是概念教学，整节课要么是"满堂讲"，要么是"满堂问"。教师教得累，学生学得苦。课堂中只听得见教师的讲解，看不到学生的活动，听不到闪耀着学生思想光芒的发言。

二、传统教学方式弊端产生的原因

（一）教师缺乏自我反思的能力和勇气

一些教师很少从教学管理、教学能力、教学方法、教学水平上来反思自身。有些教师出现一种倦怠心理，在教育学的领域被称为"教学高原期"。大多数教师的教育理念仍停留在以往的教育习惯和传统上，而缺乏必要的批判意识和反思理念。许多所谓的有经验的教师也只是站在自己的"功劳簿"上"吃老本"，很少反思自己的教育教学实践活动。面对新的课程改革，他们会慢慢迷失自己的方向。

（二）教师缺乏对课堂教学实效性的研究

高质量的课堂教学必须追求课堂教学的高效率。教师要有"课堂成本意识"，要处理好"投入"与"产出""长效"与"短时""可持续发展"与"暂时利益"的关系。有的合作形式被滥用，缺乏实质效果。同时，合作学习是新课标所倡导的学习方式。合作学习是学生的一种需要，一种发自内心的欲望，是确实有必要的选择，而不是教师认为应该什么时候合作就什么时候合作，把合作学习引导成了"中看不中用"的花架子。

（三）教师未把握好指导的"尺度"

教师指导的语言过多或不到位，还往往担心学生不会或者不懂，传统的教学意识仍然根深蒂固，对学生的指导总是意犹未尽、滔滔不绝。出现理论性过强或者缺少系统指导的现象，将造成学生的探究行为盲目和散乱无序。教师的干预行为强势或等同于不作为，教师的意志和做法会对学生产生巨大的影响，导致学生不敢放开手脚，害怕"犯错"，缺乏探究活动的自主性和生成性。

第三节　变教为学，把课堂还给学生

在教学活动中，教师起什么作用？叶圣陶先生的看法是"各种学科的教学都一样，无非教师帮着学生学习的一串过程"。换句话说，教学就是

"教"学生"学"，不是把现成的知识教给学生，而是把学习的方法教给学生，学生就可以受用一辈子。在这个问题上，叶圣陶先生有一句精辟的话："教是为了不教。"

数学教师的作用是提供学生能够发现和提出数学问题的情境，提供给学生独立探究的"脚手架"，维持必要的教学秩序，给予学生支持、鼓励，并提供及时和适当的指导。教师应不急于判断学生表现得好、坏、对、错，更不会以知识传授者的身份出现。知识的获取必须让学生经历观察、猜想、验证、辨析、总结、概括的过程。这样，学生获得的不只是知识，还有比知识更重要的学习能力，也就是数学的思想方法和经验的积累。这样的学习才是有意义、有价值的认知过程。学生不再是被动的接受者，而是能够凭借自己的智慧与能力自主学习的独立学习者。学生与学生之间就是合作伙伴的关系，可以分享彼此的经验与学习的乐趣，并互相激励。

因此，变教为学就是把课堂上以教师"讲授"为主的教学活动，改变为学生自主或合作开展的"学习"活动，让学生的学习活动占据主导地位并且贯穿始终。

一、教的四重境界

我国古代典章制度专著《礼记》中的《学记》，是世界历史上最早专门论述教育和教学问题的文献，其中"君子之教，喻也"高度提炼出"教"的核心含义：高明的教师善于用启发的方法教育学生。

20世纪，美国学者威廉·亚瑟·沃德所论及的教师教学的四个层次，其实就是"君子之教"的翻版："普通的教师告知（Tell），好的教师解释（Explain），优秀的教师演示（Demonstrate），出色的教师启示（Inspire）。"这里的"启示"就是赋予灵感的意思。

不管是君子之教所说的"喻"，还是西方倡导的"启示"，都说明好的教学不是"教知识给学生"，而是"教学生学知识"。因此，对学生的学习应当遵循的基本原则是"引导而不约束，鼓励而不抑制，启发而不告知"，也就是从以往对学习结果的关注转变成对学习过程的关注。

传统的课堂教学模式是教师讲，学生听，也就是教师领着学生学，更有甚者，教师代替学生学，结果是教师教得累，学生学得苦，效果不理想。在这个过程中，学生处于被动接受地位，学习兴趣被填鸭式灌输彻底磨灭。学生整天硬着头皮完成作业，苦不堪言。

由于学生缺乏理解知识的技能，考试时缺乏自信，最终成绩平平。培养创造力是当前教育的首要核心目标。在教育中，要让学生扮演参与者而不是旁观者的角色。新的学生观是将旁观者转变为参与者，完成生命意义的回归，使学生成为自己，成为与自然、社会、他人和谐相处的独立生命个体。变教为学的课堂教学，关键是实现教与学的换位，即从主要依靠教师的教转变为主要依靠教师指导下的学生的学，包括合作学习加自主学习。教师重在组织、服务、引领学生，为学习创造充满活力的课堂，让学生"忘我"。

二、学习型课堂的价值

变教为学就是要把一个教学型课堂变成学习型课堂，让学生的学习活动占据主导地位，并贯穿整个过程，让每一个学生都得到关注，都变得积极起来。无论在小组还是在全班，每个学生都有机会展现自己，每个学生都得到发展。学习型课堂的核心是突出知识的本质，削减教师讲解的内容。和教学型课堂相比，学习型课堂有以下独特的实践价值。

（一）让学生在质疑、解疑中进步

一位特级教师说过，质疑，其实就是一个发现问题的过程。有了疑问，学生便会积极主动地投入学习，充分运用已有的知识经验与能力去解决问题。这样，在质疑和释疑的实践中，知识得以巩固与发展，学习能力得以锻炼和提高。在传统教学中，教师通常会提出问题，要求学生回答。而我们的学生，一个个皱着眉头，低着头，不情愿地起来回答教师的问题。因此，我们的数学教师在传授知识的同时，必须教给学生质疑、解疑的方法，改变传统的做法，变教师"满堂问"为学生"自主问"，变学生"不懂才问"为"懂了也要问"，变"问教师""问别人"为"问自己"，真正体现学生是学习的主体的教学原则。

变教为学的课堂教学，引导学生自己提出问题并尝试解决问题，将会极大地激发学生的学习热情。在教学过程中，教师应该鼓励学生大胆地尝试提出自己的问题。学生提问之后，教师不应该急于回答，而应该组织学生通过讨论和阅读书籍找到答案。变教为学的课堂教学致力于培养学生提出问题和解决问题的能力，使学生善于质疑，在质疑中不断进步。把质疑的权利交给学生，让学生真正成为学习、创造的主人。

（二）助力学生的思维发展

思维，就是通常所说的思考、想、动脑筋，是人的大脑对客观事物的认知过程。数学思维即用数学的观点去思考问题和解决问题。思维能力比知识的占有量更重要。爱因斯坦说："发展独立思考和独立判断的一般能力，应当始终放在首位，而不应当把获得专业知识放在首位。"教育家赞可夫指出："在各科教学中要始终注意发展学生的逻辑思维，培养学生的思维的灵活性和创造性。"

而数学教学主要是数学思维活动的教学。课堂是对学生进行思维训练的主阵地，所以，要把思维训练贯穿于课堂教学的各个环节。变教为学可以给学生一个完整的思维空间。课堂教学的思维训练，是根据学生的思维特点，结合教学内容在教学过程中实现的。

（三）促使学生学会交流

自主探究与合作学习是变教为学课堂中学生学习的主要方式。自主探究是以"问题"为中心，学生自己做主的学习方式。它通过提出问题后谋求解决问题的方式，为学生创设接近实际又能激发思考的情境。让学生根据不同的条件，从不同的角度，用不同的方法，用不同的思路去解决同一个问题，引导学生在掌握知识的同时，增强创造性思维。合作学习指学生同心协力地进行学习，也指互相配合地进行学习。合作教学能通过认真参与、倾听、欣赏、接纳、发现合作学习的精彩所在和集体智慧的闪光点，有利于培养学生的合作精神、团队意识和集体观念等良好的素质，还能使学生养成合作的良好习惯。

在理解的前提下，表述变得很重要。传统的课堂往往是师生间的对话，一节课下来能够充分回答问题的也就几个人。如果有学生迟疑，教师往往就不愿意等下去，甚至下次可能不会再让这个孩子回答问题。变教为学的理念是给学生提供更多的时间和空间。学生思考问题的时间增多了，表达的时间增多了，表达的机会也就增多了。在小组内几个人之间一对一、一对多地交流，到了台前就是一对几十地交流。这个交流过程中会存在质疑和解疑，会有辩论，学生不仅表述能力、思维能力能够提高、自信心也能够增强。

（四）促使学生形成良好的数学素养

变教为学的课堂教学倡导教师少说话，让学生多活动，这样的课堂教学必然会带来多种多样的情况，许多生成会与教师课前的预设不同，甚至出乎教师意料之外。教师要忘记课前预设，关注学生表达的内容；减少师生对话，增加生生互动；鼓励学生提出问题和回答问题。正如一位教师所说："小学阶段，习惯和思维的培养是数学教学的重要任务。"发展学生的数学思维，提升数学素养是小学数学所必须关注的。数学课不只是教给学生数学知识，更要关注学生数学能力的培养和数学思维的发展。

（五）使学生感受到学习的乐趣

学习，是指通过阅读、听讲、思考、研究、实践等途径获得知识或技能的过程。数学学习是让学生实现"再创造"。在变教为学的课堂教学中，学生的主体性得到了充分尊重，由以往被动地听，变成了主动地想、主动地说，形式上也从以往枯燥地学习数学转变为在不同的情境中发现数学，在具体的生活实际中运用数学。学生不仅经历了失败，还尝到了成功的喜悦，不仅经历了理解，还经历了发现和创造，体验到了数学的乐趣。总之，为了实现变教为学的课堂教学，教师要注意从学生的经验和现有的知识背景出发，给学生提供独立探索的机会，让他们在学习知识的过程中，真正体验和理解数学知识、思想和方法，让学生通过体验学习感到自己是学习的主人，迸发出创造的智慧火花。这种教学，不仅能够获得良好的教学效果，还会充满生机和活力。

课例分享 真分数，假分数

新课标指出："动手实践、自主探索与合作交流是学生学习数学的重要方式。"研究性学习作为培养学生学习能力的重要学习方式越来越受到重视，教师需要真正扮演好组织者、引导者和合作者的角色。

无论学生的想法是教师预设教案时想到的，还是不曾想到的，都要给学生一个展示自己真实想法的平台，使学生都有对话的机会，因为"在人的心灵深处，都有一种根深蒂固的需要，这就是希望自己是一个发现者、研究者、探索者，而在儿童的精神世界中，这种需要特别强烈"（苏霍姆林斯基），教师可以及时分辨、充分挖掘、适度开发和有效利用学生的想法促进教学目标的顺利完成或新的更高价值目标的生成。

对"真分数、假分数"的概念，学生理解起来并不是特别困难。通过"分数的意义、分数与除法关系"的学习，不少学生对"真分数、假分数"已经有了一定的认知，初步了解了其概念，只需进一步学习就可以了。但是在学习假分数以前，学生接触到的都是小于1或等于1的分数，还没有接触到分子比分母大的分数，只有学习了真分数、假分数，才能比较全面地理解分数的概念。

不少学生对分数的意义的理解比较表面化、不深入，阐述分数的意义时往往这样表述："把单位1平均分成若干份，取其中的1份或几份的数，就是分数。"这样不能突出"取"和"表示"的区别。

因此课堂设计应以分数单位为出发点，数形结合，帮助学生进一步理解分数的意义。通过复习和提问，让学生回忆分数的意义和分数单位，从学生的问答中提取必需的课堂学习材料，并及时启发、分析、指导，让学生体验假分数产生的过程。

通过让学生观察、比较、分类，揭示"真分数、假分数"的意义，使学生理解并掌握真分数、假分数的概念。在学生交流总结阶段，通过图例等表示分数的方法，列出比1小的分数、比1大或等于1的分数，引导学生把自己分类的依据表述出来，进而总结出真分数和假分数的特点。使学生在与教师的不断交流中逐步将假分数与具体的直观图结合起来，从而达到认识的目的。

1. 引入开放性问题，释放学生已有知识

请学生说一个喜欢的分数，并说出它的意义和分数单位。我把学生说的分数写在黑板上，用图示表示出分数。让学生选择一个分数，用自己的方式在一个圆形图片上表示出来。

这样做的目的，就是结合学生对分数单位的复习，调取学生已有知识，使每一个学生的基础状态充分展露，便于教师了解全体学生真实的学习状况，激发学生的学习兴趣，再现分数意义和分数单位。

2. 交流展示学生表示的分数，适时提出新问题

教学过程中可能会出现以下几种情况：

学生选择1/4、2/4 、3/4 、4/4 之类的分数，很快在一个圆上表示出来，并且顺畅地说出分数的意义和分数单位。

学生选择5/4、7/4之类的分数，想在一个圆上表示出来，而又产生困惑："5份怎么取啊？"

根据学生操作的真实情况进行引导：想办法再找到一个单位"1"，促使学生与同伴合作，完成任务。然后组织学生交流，分享有趣的体验过程。（把一个圆形图片看成单位"1"，平均分成4份，最多可以取其中的4份，需要同学手中的一个同样的圆形图片，也平均分成4份，再取出其中的3份，合起来就是7/4。）

在这个过程中，也使学生逐渐感悟到在表达分数的意义时，说"表示其中的一份（或几份）"更科学。

这个部分的重点是挑起学生新、旧知识间的冲突，促使学生基于自身已有的积累积极主动地探求新知。

3. 将个别学生的学习经验推广给全班学生，使大家比较透彻地理解分数的意义

提出新问题："5/4、7/4这样的分数怎样用圆形图片表示出来？"学生回忆同学们的解释，思考自己读懂了什么（把一个圆看作单位1，平均分成4份，表示这样的5份，需要在2个圆中实现），和同伴一起用图示表示5/4、7/4等分数。

收集学生选择使用的平面图形的情况，及时指导，重点指出单位"1"

不变，一定要选择完全相同的图形（如2个圆、2个正方形），否则就会出现错误，如一个大圆和一个小圆、一个圆和一个正方形。

引导学生抓住"分数单位"这个生长点，解释这些"新分数"的意义：把一个圆看作单位"1"，平均分成4份，表示其中的一份是1/4。4/4已经表示一个圆，这里有4个1/4。5/4里有5个1/4，表示这样的5份，需要在2个圆中实现。

从某种意义上说，教学过程其实就是学生已有经验被激活、重组、积累、提升的过程。让学生从观察大量的分数实例出发，自主探究，以自己的感性经验为基础，对这些分数进行分类、比较，并在小组中交流自己的想法，形成感性知识，进而以归纳的方式提炼出真分数和假分数的本质属性，从而理解概念。经过这样的教学，学生能准确地理解概念，牢固地掌握概念，正确地运用概念。

在教学过程中尤其要注意引导学生"经历""感受"和"体验"概念的建立、结论的探索过程。学生的有效发展才是课堂教学活动永恒的主题，评价教得精彩的最重要的标准就是学得精彩。

第四节　合作分享教学，让教学变得简单

教学是课程实施的主要途径。教学及其方式的变革，直接影响并制约着课程改革的实施。要使新课程改革落到实处，就必须使广大教师明白现有的教学方式存在哪些不足，然后才能实现教学方式的变革。教学方式的有效运用，能使教师的工作方法形成独特风格，也影响学生学习习惯的养成和创新能力的培养。

教学方式转变要求课堂由传统的单一讲授式教学向启发式、合作式、探究式等多元化教学方式转变。2013年，时任教育部北京师范大学基础教育课程研究中心工作室副研究员、山东省茌平县杜郎口中学副校长任景业提出了"分享式教学"，由于分享式教学更多地关注学生的思考与表达，通过给学生提供尽可能多的活动和思考空间，充分挖掘学生的潜能，提高教学活动的效率，一经提出就得到众多同仁的认可，且日益受到教育工作者的关注。

下面我将合作学习与分享式教学结合起来，谈一谈合作分享教学的意义。

一、合作分享教学的本质

（一）师生合作分享学习理论

1. 现代合作学习起源

合作学习起源于20世纪社会心理学的研究，是20世纪70年代由美国著名教育家大卫·库恩茨首先倡导并实施，并于20世纪70年代中期至80年代中期取得实质性进展的一种教学理论与策略。"小组合作学习"最早出现于1700年，在20世纪50年代受到美国教育协会关注和研究，因为研究成果较为突出，所以在西方各个国家引起了广泛的关注与重视。在此期间，还形成了多种合作模式，其中包括斯莱文的学生团队模式、约翰逊兄弟的共同学习模式、卡根的结构方法模式、沙伦的团体研究模式和科恩的复杂指导模式等。这些合作学习模式在西方的教育中具有历史性的突破作用，并获得了巨大的成功。目前，合作学习被广泛应用于欧美国家的各种教学实践中。

合作学习是指在教学中分出小组，让学生共同活动，以最大限度地促进学生自己以及他人学习的教学策略。学生在合作完成任务的过程中，提高了与人交流合作及协商解决问题的能力，增强了学习的兴趣和信心，同时也体验到了参与教学过程的乐趣。

合作学习之所以能引起世界上越来越多国家的关注，是因为在合作学习的课堂中，师生关系、生生关系融洽，学生的积极性能被有效地调动起来，在课堂上不再是单纯地听知识，而是动手去实践，去主动探究和获得知识。学生通过用知识、主动与同伴分享学习到的知识，更容易获得强烈的成就感和自信心。

2. 合作学习的类型

从国内外合作学习的理论与实践来看，合作学习主要分为四种类型，即师生互动、师师互动、生生互动和全员互动。本书所要讨论的是以师生互动为特征的合作学习。

倡导以师生互动为特征的合作学习的主要代表人物有阿莫那什维利、沙塔洛夫、谢季宁、伊万诺夫等。他们认为，要使学生学得好，关键要使学生乐意学，使学生感受到成功、进步和发展的快乐，因此就必须改变过去那种"专政"的师生关系，形成相互尊重与相互合作的师生关系。

3. 师生互动型合作学习的价值意义

师生关系是教育过程中人与人的关系中最基本和最重要的方面。师生之间关系如何，直接影响教育工作的效果。有的教师虽然知识渊博、功底深厚，但不善于与学生建立融洽的师生关系，甚至使学生产生对立情绪，学生会因为对这位教师有成见而不愿意学他所教授的那门学科。

相反，有的教师不仅注意提高自身素质和专业水平，还善于与学生建立亲密的人际关系，学生往往因为喜欢这位教师而特别爱学他所教的学科。学生往往为博取教师的喜爱和好感、得到与教师交往的满足而努力学习，所谓"亲其师，信其道"便是这个道理。教师也会因为学生对他的尊敬和爱戴而更加致力于教育工作。

实践证明，良好的师生关系，有利于调动师生双方的积极性、主动性和创造性，有利于形成轻松愉快和生动活泼的教学气氛，有利于提高教学信息传输的效率和速度。良好的师生关系是有效地进行教学活动、完成教学任务的必要条件。

4. 师生互动型合作学习实施原则

4.1 让教学成为生活的延续

教学内容要与学生的生活联系起来。倘若教学内容与学生的生活紧密关联，就能大大增强学生的学习兴趣。事实上，有时并不是学生不想学，而是我们所授课的内容与实际生活脱节，失去了讲授的意义。

4.2 相信学生的原则

所谓相信学生，就是指教师要始终相信每个学生的潜力及其发展前景，对他的成功要始终持乐观的态度。这就要求教师要真诚地为每个学生的成功和进步而自豪，同时对每个学生在学习上遇到的挫折、失利表示同情，并帮助学生克服困难。在教学过程中，教师应该使每个学生都深信自己将获得成功，使每个学生都感到自己的个性受到尊重，使每个学生都感受到教师对自己的关怀，使每个学生都真正受到尊重。

4.3 自由选择感的原则

所谓自由选择感，是指教师要根据学生的个性特点，从他们已有的生活经验和可能达到的能力出发，运用巧妙的教育艺术，使完成学习任务变为内在的自我要求。现实中，课堂教学内容、学生的学习节奏、学习时间、学习方法等都是被规定好的，学生的学习活动也完全听从于教师的安排。在这些束缚之下，学生容易产生压抑和不自由的感觉，潜意识里滋生反抗情绪，表现为叛逆。因此，在教学过程中，为了真正实现平等与合作，实现和谐的师生关系，教师就要在一切合适的场合给学生提供自由选择的机会，即要让学生有自由选择感。

合作学习可以解决一个教师难以面向有差异的众多学习者进行教学的问题，从而真正实现使每个学生都得到发展的目标。在课堂上，大部分学生在合作学习、解决问题的过程中有合理、明确的分工，学生能按照一定规则展开讨论，学会表达自己的观点，与他人进行交流，倾听别人的想法，激发出新的灵感。合作中的倾听、分享、交流、互助与反思，扩展了学生与学生之间的沟通网络，改善了师生的双向信息和情感沟通，从而在教学中构建了立体动态的沟通途径，使教学过程不只是认知的过程，还是交往与互动的过程。因此，合作学习是一种适应时代发展要求、值得大力提倡的教学方式。

（二）合作分享与有效教学行为

对有效教学行为的研究是国内外课程与教学研究领域十分关注的重要课题，从杜威到布卢姆，从斯金纳到加涅，很多研究者非常重视对有效性教学的理论研究和实证研究，并取得了各具特色的研究成果。

20世纪80年代以后，又诞生了新的研究成果，如美国加里·D.鲍里奇的《有效教学方法》，梅里尔·哈明的《教学的革命》，佩尔·蒂埃的《成功教学的策略——有效的教学实习指南》。西方国家对课堂教学有效性的研究比较活跃，而且成果丰富，倡导关注学生的个性教育，崇尚孩子自由发展，对个性化教育中的个性化教学这部分内容的研究开展得较早，并提出了多种教学模式。

苏联教育家维果茨基的"最近发展区"理论认为：每个学生都存在着两种发展水平，一是现有水平，二是潜在水平，它们之间的区域被称为"最近发展区"。教学只有从这两种水平的个体差异出发，把最近发展区的水平转化为现有发展水平，并不断创造出更高水平的最近发展区，才能促进学生的发展。美国学者卡罗尔·安·汤姆林森提出："如果提供足够的时间（或是学习机会），再具备合适的学习材料和教学环境，那么，几乎所有的学生都有可能达到既定的目标。"

（三）有效教学与学生的不同需求

国外的一些专家、教师对不同学生的需求也给予了关注和研究。关于差异教学，美国学者卡罗尔·安·汤姆林森认为，在差异教学课堂中，教师会根据学生的现有水平、学习兴趣和学习风格来主动设计和实施多种形式的教学内容和教学过程，使学生取得学习成果。美国学者戴安·希考克斯认为，"差异教学"是指教师改变教学的进度、水平或类型以适应学习者的需要、学习风格或兴趣。

在我国，古代教育家、思想家孔子提出育人要"深其深，浅其浅，益其益，尊其尊"，即主张"因材施教，因人而异"。两千多年前我国最早的教育学著作《学记》中记载着"独学而无友，则孤陋而寡闻"和"三人行，必有我师焉"，这就说明了在学习的过程中，学习者要相互交流、相互合作，才能获得学习上的提高。

2002年出版的王坦的《合作学习的理念与实施》是一部关于学生合作学习的专著。作者对合作学习的相关理念及怎样实施合作学习进行了深刻阐述。

北京师范大学课程专家任景业提出了分享的教学理念，提倡在教学过程中组织学生开展合作分享的学习活动，这样不仅能激发学生的学习兴趣，还能促进学生的学习能力以及创新能力的培养。

二、合作分享教学的问题对策

无论在哪所学校，教师们关于合作学习提出的第一个问题往往是："我怎么才能让这些孩子在一块儿合作学习？"有时候，他们在说这句话的时候会刻意强调"这些"这个词，并且不易察觉地翻个白眼，就好似在说："你根本不知道这些孩子有多么难缠。"

教学是一项非常艰难的工作，而学生们的行为往往具有不可预知性，例如，在我们看来也许是设计得最好的一节课堂，在学生们眼中却可能并非如此，他们会大声打哈欠、眼神茫然，以及旁若无人地窃窃私语和交头接耳。

有时我们会尝试着把学生们分成小组，而这时，之前扰乱课堂秩序的那些小家伙儿就又开始"捣乱"了，他们会兴高采烈地把所有小组都带得偏离正题、开小差，教师们不得不回归到面向全班授课的形式，因为这样看起来比较安全一些。

无论我们用什么样的措辞委婉地进行表述，让孩子们进行合作学习都没有那么容易；相反，当我们把他们分成小组的时候，他们往往会偷懒耍滑、浪费时间、捣乱破坏，或者互相捉弄。而我们看着这些情景会越来越不安，并试图禁止这些不守规矩的消极行为。但是用不了多久，我们就会产生一种力不从心的感觉，被迫放弃组织一场互动课堂的不切实际的梦想，把被搞得一团糟的课桌重新摆好，发几页练习题，让孩子们重新安静下来。"也许明年，"我们心里想，"我就能接手一个有能力进行合作学习的班级了。"

其实没有孩子生来就知道怎么去做他人的好朋友，做一个能给予他人帮助的伙伴，或者做一个负责任的团队成员。这些技能都是需要通过后天学习才能获得的。换句话说，教师首先需要教这些东西。教师会把学生分为"好学生"和"坏学生"，这是现实情况，而现在我们并没有全盘否定它。但是在大多数情况下，好学生——能进行良好合作的学生们——是训练出来的，而不是天生的。教师要成为课堂互动的核心掌控者和首要负责者，而不是靠偶然的运气成功组织合作学习。

（一）"合作分享教学"难在哪里？

1. 教师潜意识中"不讲不放心"的心理

我在与很多教师交谈时经常听到的一句话是："不讲怎么能会呢？"

应当承认这是教师具有责任心的一种体现，每个教师都希望自己把学生教会、教好，因此为了学生的"会"，努力地"讲好"就成为教师追求的目标。当遇到"讲了还不会"的情况时，就不遗余力地"反复讲"。遇到"讲了很多遍也不会"的情况时，教师就会不由得对学生的学习能力或学习态度进行抱怨和指责了。

事实上，任何一位教师在"讲"的过程中，都一定有学生没在听、不爱听，或者听不懂，在这样的情况下，教师的"讲"就是无效的，也就是"白讲"。这种现象启示我们，应当寻求"教师少说话，学生多活动"的教学方法。

《论语》中就记载了孔子的"无言之教"，当他向学生们表示"予欲无言"，也就是"我不想说话"的时候，学生们很不理解，孔子的解释是："天何言哉？四时行焉，百物生焉，天何言哉？"孔子所表达的意思是即使教师不说话，学生也可以按照一定的规律自己进行学习。这并不是对教师讲授工作的全盘否定，而是说倾听应当是学生学习活动的一个方面，而不是全部。教师的职责也不仅仅是讲授知识，还应当包括"引导学生的学习、诊断学生的学习、帮助学生的学习"，这样才能使教学活动更加有针对性，更加有效。而这样的前提是教师必须准确、精练地确定学习内容以及设计出可行、有效的学习活动方案。

2. 教师担心教学效率降低

在"教师少说话，学生多活动"的课堂教学中，学生的活动需要占用大量时间，而且通过学生活动所产生的多样化的结果或想法，也需要时间进行展示和分享。这就可能使原本一节课能够"讲完"的内容无法教完，给人的感觉是在一定时间内的教学内容减少了，仿佛教学效率降低了。

如果仅把教学内容理解为教师讲授的内容，这种效率降低的现象的确不可避免；如果把教学内容理解得宽泛一些，不仅包括教师讲授的内容，还包括学生所经历的学习活动以及通过活动可能取得的收获和发展，那么就不能认为这样的教学降低了效率。相反，学生不仅通过活动获得了知识，还在活动中提升了能力、积累了经验、产生了感悟等，这些都使得教学内容更加丰富，因此可以认为是提高了教学效率。实现这种高效教学的前提仍然是教师对学习内容的准确设定和学习活动方案的精心设计。

3. 教师担心学生"做不出、做不对、做不好"

如果出现学生做不出、做不对、做不好的情况，教师往往会有一种挫败感，使教学陷入进退两难的尴尬境地。其实这样的担心是不必要的。相反，这恰恰应当成为培养学生多方面素质的契机。如果把"做不出"视为学生学习过程中的困难，那么"遇到困难不退缩"的精神、"辨别困难找方法"的智慧以及"克服困难获得成功"的体验，对学生的学习以及学生一生的发展都是有益的。

同样，如果把"做不对"和"做不好"视为错误和失败，那么让学生经历"承受错误与失败的挫折"以及"对错误和失败进行反思"的过程，使"失败成为成功之母"，无疑对学生的全面发展也是有益的。需要注意的是，有时出现"做不出"的情况是由于学生不理解学习活动，这就警示教师要在学习活动的表述方面下功夫，表述应当明确、具体，切忌使用诸如"自主探究""合作交流"这样空泛的说法，否则会让学生不知道自己应当做什么和怎样做。

（二）"合作分享学习"需要的关键性转变

1. 合作分享学习需要转变教师观念

这主要是针对有一定教龄且教学观念比较传统的教师来说的。这些教师的态度不可谓不兢兢业业，他们的精神令人敬佩，可以称得上是真正的"园丁""蜡烛"——一句话，他们是传统型教师的代表，对外界轰轰烈烈的基础教育改革充耳不闻。对他们来说，新课程改革只是换了新的教本而已，其他一切照旧。因此，要努力做好对这些教师的培训工作，使他们尽快转变旧的教育观念，以适应新的教育形势。

要做到这点，就应当保证每个教师都有属于自己的时间去提升专业素质，而现在很多学校的实际情况是为了保证学校的教学质量，恨不得把教师一天24小时都"困"在教室和办公室里，整天围绕着教学转。可怜的教师们连独立思考的时间和空间都没有。学校应该是让每个人都获得发展的舞台，包括教师和学生，教师的发展是学生发展的前提，不能只顾学生的发展而忽视了教师的发展。

因此，以下两个改变异常重要。

一是改变教师的教学方式。改变教师以往偏重知识传授和技能训练的教学方式，促使教师充分激发学生学习的主动性和创造性。

二是改变学生的学习方式。帮助学生形成主动探求知识并重视解决实际问题的学习态度，掌握相应的学习方法，落实"三维目标"，促进学生全面健康发展。

教育故事 "浪费"十分钟，撑起一片天

周五的第四节就是数学活动课，带着教研员曾经介绍的一道美国小学趣味数学题以及准备好的活动内容，老师满怀期待地想看看学生们会有怎样的

表现。

上课铃声准时响起，教室里静悄悄的。学生们用期盼的眼神望着讲台，仿佛在说："老师，这节课我们做什么呀？"

放下大屏幕，老师把题目呈现给大家："这个正方体的三个面上分别画了三个图形。1.把这个正方体像下面这样翻动一下。2.画出另外两个图形并涂上阴影。"学生们看着题，小嘴念叨着，认真思考着。

过了一分钟，老师问："谁看懂了？"

几个同学先后站起来解读了题意。不像往常那样迫不及待地想给学生讲解明白，老师静静地站在一边看着："请大家自己想想，怎样解答。"学生接收到和往常不一样的指令，于是开始独立思考。

老师期盼有同学用橡皮或别的东西动手演示一下，不过令人失望的是，期待的情景好长时间都没有出现。大部分学生只是小声嘟囔，有的学生眉头紧蹙，脑袋慢慢歪过来又慢慢转过去，估计是在脑海中给正方体转个儿呢。有的学生用小手在空中轻轻比划过来又轻轻比划回去……

宝贵的时间就这样一分一秒地过去了，只有一个学生示意他有了答案。

老师有点着急但是忍住没有顺势讲解。这要是在过去，老师早就开讲了——课堂时间多么宝贵啊！让学生这样静悄悄地"磨"时间想，哪有直接给他们讲解效率高啊！5分钟过去了，教室里渐渐有了交流声，大家看老师没有要打断的意思，胆子就更大了，讨论声也更大了，个别学生开始用铅笔盒或者小橡皮做道具画一画、翻一翻。

老师不动声色，依然不说话，让他们尽情地发挥。这时有一个学生开始撕纸折正方体了，老师的表情透露出欣喜。又一分多钟过去了，折纸的学生更多了，他们讨论着，气氛越来越热烈，声音也越来越大，许多学生都离开座位去找同学交流。不一会儿，好几个学生有了答案，面带笑容，高兴地坐回座位，高高地举起小手。

时机差不多了，老师开始叫学生回答问题："谁愿意给我们讲讲？"大半个班的学生都举起了手。老师随便点了一个学生，他站起来，拿出自己折的小正方体："我做了一个正方体，然后画上了图案，这么一翻，就有答案了，这个面上应该画×××，这个面上应该画×××！"其他学生听了若有所思，有的点头表示赞同，有的仿佛茅塞顿开，有的则准备自己也折一个正方体试一试。"谁听明白他的意思了？"更多的学生举起了小手，回答得一个比一个好。

"还有其他方法吗？"

"我是拿橡皮摆的……"

同学们听了，又发出了惊讶声："这样更简单！"

"还有其他办法吗？"学生思考着，摇着小脑袋。

"你们试着把这个立方体画下来，然后转一下看看！"

"噢！这样也成！"先画完的学生就像发现了新大陆一样，不会画的学生赶紧凑过去看，接着也发出吃惊的声音。

"谁能说说上完这节课的感想？"

"我觉得遇到不会的问题应该多动手！"

"我觉得画图挺好的！"

"遇到不会的题，光看着也没用！"

……

同学们有各种各样的回答，这何尝不是这节课最大的收获？

虽然这节课只处理了一个问题，但是，它给教师和学生带来的启发却是无穷的。在往常的教学中，遇到问题教师总是让学生读一读就开始讲，有的时候那些基础薄弱的学生甚至还没有弄清是什么问题，教师就已经讲完了，在这种情况下，教学效果当然不好，大多数学生也只是停留在弄懂这一道题的层面上，并没有对知识本身有真正的思考与理解。而这节课，教师给学生留下足够的时间，让他们理解题意，思考解决方法。学生有了思考问题的时间和空间，才能真正地独立思考，进而亲身经历找到解决问题之道的过程，这也是课标中反复强调的"经历"。因此，我们在课堂上一定要舍得给学生留时间，舍得"浪费"时间，这样才能事半功倍。

此外，课堂上并非越安静越好，我们不需要无声的课堂，而需要思维活跃的课堂，需要学生亲身经历找到解决途径的课堂，而非学生不经独立思考就直接面对结论的课堂，那样他们就不能享受找到解决问题之道的乐趣。想想我们自己，在遇到问题的时候，不也常常小声嘟囔，不时地和旁边的同伴商讨一下吗？那我们为什么不允许我们的学生这样做呢？

2. 合作分享学习需要革新教学模式

（1）形成并完善几种教学模式：以思维导图为载体的分享式教学模式；依托学生学业评价系统的分享式教学模式；依托游戏技艺的分享式教学模式。

（2）激发学生发现问题、提出问题、解决问题的热情，培养学生的探究意识和探究习惯；培养学生良好的合作学习习惯，提升合作学习能力，切实提高合作学习的效率；促进学生全面发展。

（3）促进教学观念的更新，树立真正的"教学观"。教学就是一种把学生作为学校教育主体的教学双边相互作用的社会作业，是多方位沟通与互动的活动过程。

教育故事　读懂学生源于倾听

有效沟通是人与人之间心灵的桥梁，在人际交往的过程中发挥着重要的作用。师生之间的沟通和交流是否有效，更是影响教学质量的关键因素。如何与低年级学生进行有效的沟通，让老师更加读懂学生，有的放矢地设计教学内容，从而建立师生间牢固的信任关系，为今后的教育教学奠定基础呢？耐心倾听无疑是读懂学生的首要方式。

倾听疑惑，方可解惑

一次单元练习后，说一年级的小曹是"加法困难户"不算夸张。刚刚学完的加法，其他同学都能看图列出合理的加法算式，只有他，面对简单数学图无从下笔，满分100分的测试卷居然只得了10分。班主任老师真是尽心尽责，又是摆、又是画，运用多元表征的方式促进他对加法本质的理解；设置不同的情境，使他感知加法运算的价值；百般讲解后，换来的还是小曹的随意列式——先看到哪两个数字，就把哪两个数字作为加数相加，算式没有逻辑。

实在不愿意看着眼前这个可爱的小家伙就此掉队，下课后班主任老师就地取材摆出5支铅笔，分成3支和2支这样的两部分，指着铅笔问："你能列出加法算式吗？"小曹毫不迟疑地列出5+3=2。

"你都读懂什么了？"

"5支铅笔，左边3支，右边2支。"

"左边3支，右边2支，求一共多少支。可以怎么列式？"

小曹一下子愣住了。问题出来了。

孩子一定在这里有疑惑，到底疑惑的是什么呢？不能瞎猜，一定要听听孩子自己说。这时最好一言不发，耐心地等待，倾听。

小曹挠挠脑袋问："老师，什么叫'求'？是足球的球吗？"

不听不知道，这下可明白了，这孩子并不是不理解加法的关系，而是困惑于语言表达中"求"字的含义。对于刚刚入学的一年级学生来说，我们想当然地把理解加法的含义作为了难点，殊不知对于有些孩子，他们的疑惑却只在一字之间。在老师把"求"的意思解释清楚，又解释了"合并""一共"的词义后，孩子顺利地列出了加法算式。再来做那张只得了

10分的卷子，孩子也变得轻松自信了。

传道、授业、解惑是我们教师的天职。对于传道授业，我们往往乐于挖空心思设计教案，而对"解惑"之责却缺乏关注和研究。"头疼医头，脚疼医脚"是再简单不过的道理。然而对于低年级教学，面对不善于表达的低年级学生，我们必须耐心地询问、用心地倾听，要把握病灶，对症下药，才能药到病除。

3. 新课程改革必须建立与之配套的教育评价机制

有人说，我们今天的新课程改革是在缝补一件破烂的衣裳，哪里破了就去打个补丁；也有人说，我们今天的新课程改革是借用外来的装饰品打扮自己，今天看到人家的探究式教学很好，就拿来贴在自己的身上；明天看到别人的活动课程不错，也迅速拿来贴在自己身上。众多专家学者认为，这些说法有一定的道理。我们必须有一种整体的观念，努力学习新的教育方式，改变旧有的教育评价体制。

4. 教学方式的变革要处理好继承与革新的关系

现在评价一堂课，教学方式是否新颖已成为一项重要的指标，在评价者的意识里，现在都是新课程了，教学方式就应该更新了，不能用讲授式了，没有认识到，讲授式能够在有限的时间里让受教育者接收大量的知识。素质教育重视能力的培养，但并不意味着就不需要系统的科学文化知识了。因此，教学方式的改革必须处理好继承与革新的关系。

如何在关注学生的基础差异和不同学习需求，给学生提供充分的学习思维空间的研究思路指导下，精心设计课堂教学，探索增强课堂教学的效果，是需要我们深入研究的问题。主要体现在两个方面：第一，如何科学运用现代化设备促进学生分享交流。知识载体的不断丰富，训练评价手段的逐渐科学化等，都是帮助学生理解和掌握学习过程中的难点问题的重要载体和形式；第二，如何运用教师的不同教学技艺，促进有效分享。教师教学方式的变革目的在于改进学生的学习方式，教师的教学技艺可以推动教学方式的有效落实。具体来说包括以下内容：课堂教学中教师分享式教学的基本结构设计；课堂教学中学生分享式学习的规则建立，包括如何分组、如何倾听、对学生的分享如何评价及教师课堂如何指导和调控等；分享式教学的评价及效果检测。

表3-1所示的是一份围绕"教师的具体教学行为"，面向28名一线教师的问卷调查数据：

表 3-1　"教师的具体教学行为"问卷调查统计结果

序号	调研项目	调研内容	数据统计（%）
1	做课前教学预设时，您最花心思的环节是什么？	确立教学目标	28.6
		研读教材内容	21.4
		思考怎么教	32.1
		思考学生怎么学	17.9
		网上收集同类教案	0
		制作教学课件	0
2	您认为在课堂教学中，师生占用的时间之比应该是怎样的？	3：7	32.1
		4：6	28.6
		5：5	17.9
		6：4	14.3
		7：3	7.1
3	除讲授外，您在课堂教学中还常用哪种教学方法？	分享学习	53.6
		发现学习	10.7
		独立学习	7.1
		讨论学习	25
		反馈学习	3.6
4	学生在交流讨论时，如果您到学生中巡视，您通常做什么？	观察学生表现	28.6
		倾听学生讨论的内容	21.4
		倾听并参与	50
		走一走，维持秩序	0

续表

序号	调研项目	调研内容	数据统计（%）
5	在课堂教学过程中，当您发现学生对课程不感兴趣时，您通常采取的方式是什么？	继续讲课，完成课时任务	7.1
		及时调整教学方式	78.7
		开始烦躁，为学生不认真学习着急	7.1
		停止讲课，进行思想教育	7.1
6	您在进行课后反思时，思考得最多的问题是什么？	关注"学"的效果	53.6
		关注提高学生学习效率的方法	35.7
		关注"教"的效果	0
		关注提高教师教学效果的方法	10.7
7	您觉得提高课堂教学有效性是否与教师的教学方式有关？	是	96.4
		否	0
		两者没有必然联系	3.6
8	教师教学方式发生变化的原因是什么？	学生反馈	57.1
		使用电子资源或信息技术	3.6
		有关培训课程	21.5
		教学督导的反馈	3.6
		同事影响	7.1
		自我发现	7.1
		学校要求	0
9	您认为影响自己改变教学方式的因素有哪些？（多选）	专业知识	89.3
		教学技能	60.7
		教学经验	89.3
		教师的个性特征	60.7
		教学观	50
		教师观	21.4
		儿童观	35.7
10	在学校教科研活动中，您认为自己遇到的困难是什么？（多选）	缺乏科研能力	50
		没有时间精力	60.7
		资料缺乏，信息闭塞	60.7
		领导不重视	3.6
		缺乏合作交流的人际氛围	28.6

通过问卷调查，我们可以看到来自一线教师的真实的关于"教学方式的研究"的反馈信息，教师研究的渴望、教学实践中的困惑以及研究的具体建议，都是珍贵的资源。可见，课题研究有着良好的需求基础，有着集中的目标导向。

如图3-1、图3-2所示，大部分教师都将教学目标锁定在学生的学习效果上，教师们能够在感性层面上感受到教学的问题，但是缺少系统、理性的思考，凭着感觉走、凭经验教的痕迹较重，对于规划、调整课堂教学行为不够重视。

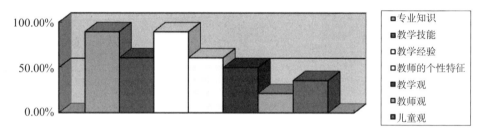

图3-1　教师提高需求情况统计图

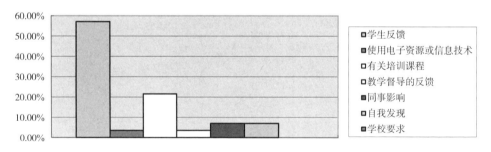

图3-2　教学情况反馈来源统计图

图3-3反映了教师做教学设计所花心思的实际情况，教师们在进行教学设计时，理念与实践之间还存在着一定距离，近半数的教师关注的是教材本身和教学目标，而对课堂教学中所要采取的教学引领方式和学生学习方式不够关注，将从网上搜集教案和制作课件等内容放在很次要的位置上。一线教师的优势在于身处教育教学现场，贴近教育教学实际，有着丰富的

实践体会与经验，我们将以"激发动力、理论引领、专业提升"为核心内容，调动教师的教学科研热情，立足于课堂，积极探索有效引领，切实做到为教学服务，为学生服务，提高教学质量。

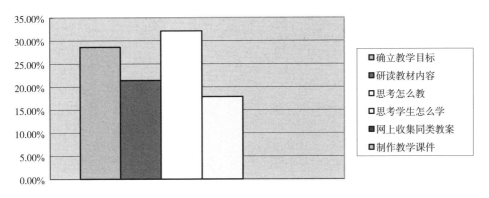

图3-3　教学设计花费时间统计图

（三）小学数学共享合作学习中存在的问题

合作学习被越来越多的教师引入课堂，现在已成为小学生学习数学的重要方式。我们的课堂活起来了、动起来了，是教师们在上课、听课中的最大感受。但透过这种现象，对课堂教学的有效度进行一番冷静思考，就会发现教学理论与教学行为之间还存在某种偏差，课堂教学的形式与期望达成的效果之间尚有一定差距。

在实施小学数学合作学习时，尚存在诸多不良现象，归纳起来共有5种。

现象一：合作时机不够恰当，次数过于频繁，学生没有独立思考的时间

在合作学习中花费的时间较多，整堂课貌似热热闹闹，实际如一盘散沙。独立思考是小组合作学习的前提，在小组合作学习前一定要留出"空白"，让每个小组成员都进行自主思考、自主探索、自主构建，形成自己独特的感受与想法，做好合作交流的物质与精神的准备，甚至拟一份发言提纲。只有在学生的思考达到一定程度的基础上开展合作交流，才有可能使学生言之有物，乃至出现观点针锋相对的场景。有的学生即使不能做到这一点，至少可以在这段时间内熟悉需要讨论的问题，为后面的交流做好倾听与思考的准备，才有可能一点即通、恍然大悟。一节课中合作学习的次数也不宜太多。次数太多，讨论的主题就会分散，每次讨论就只会蜻蜓点水、流于形式。

那么小组合作学习用在何时才是最合适的？

（1）在突破教学的重点、难点时运用合作学习，有助于调动全体学生的学习积极性和主动性。

教学的重点往往是难点问题，大多数学生或是对自己的理解没有十分把握，或是一知半解、无从下手，这时采用合作的形式，学生就会你一言我一语展开讨论，从而茅塞顿开。

（2）在解决学生的疑问时组织小组讨论，有助于确立学生的主体地位。

学生尝试练习后，往往会提出疑问，这时教师从学生提出的问题中选出具有代表性的问题组织小组讨论，把学习的主动权交给学生。这种自主学习的形式，大大发挥了学生的主体精神和协作精神。

（3）在遇到的问题有多种结论时组织小组辩论，有利于培养学生的创新意识。

许多问题的答案具有不确定性、多解性，解决这类问题时，最好是发动学生展开辩论，这样更能培养他们的多向思维、求异思维和创新精神。如教授"梯形的面积"知识时，教师先让学生独立思考如何把梯形转化为已经学过的平面图形，然后在小组内交流，接着让学生选择一种转化过程，根据原图形与新图形的联系，尝试独立推导梯形的面积公式，再在小组内交流，最后进行全班交流，认识到无论怎么转化，梯形的面积都是一定的。

现象二：合作时间把握不准，内容安排不妥

有时合作学习的内容过于简单，缺乏讨论、研究、交流的价值；有时合作学习的内容太难了，不易讨论出结果。

解读：合作学习的内容要遵循"难度大于个体能力、小于小组合力"的原则。难度大于个体能力，使小组合作成为必要；小于小组合力，可以保证小组合作取得成功。

教师设计的问题要有一定的挑战性，根据维果茨基的最近发展区理论，小组合作学习问题的难度要处于学生的最近发展区，这些问题不能离开学生已有的知识结构，也不能超越学生当前的认知能力，要确保这些问题经过合作小组的努力能够得到解决。

如果问题太难，学生会无从下手，不但解决不了问题，还会使学生形成望而生畏的恐惧心理。

现象三：合作学习流于形式，分工不够明确

在合作学习时，有的小组是你一言我一语，任凭学生"自由讨论"，听不清楚他们各自在说什么；有的小组是个别学生唱独角戏，模仿教师的权威，个别学生附和同学的发言而不作任何补充。

学生看似在合作学习，实际上根本不清楚自己干了什么、该干什么、能干什么。

解读：为了充分发挥学生个体及学习小组的优势，尽量使成员在个体特征、兴趣才能、学习成绩等方面保持合理的差异，突出学习小组的异质性。小组内成员要有相容心理，应互相吸引、和睦相处、相互尊重、相互信任、相互支持。当然，相容的同时并不排斥竞争与单干，在某些时候，竞争和个体活动能够有益于合作学习。也就是说，合作学习在突出合作的主导地位的同时并没有否认竞争与个人活动的价值，而是将其纳入教学过程之中，使它们兼容互补，相得益彰。

现象四：合作学习习惯不佳，缺乏合作指导

小组代表发言时一张口就是"我的发现是""我认为""我是这样做的"。

学生代表的只是自己而不是合作团体。有的老师等待着批判学生合作学习成果，把自己置身于合作学习之外，成为合作学习的"局外人"。

解读：合作学习需要学生具备许多习惯：一是积极动脑、认真思考；二是踊跃发言、主动提问；三是学习倾听、真诚交流；四是动手操作、积极实践。

当学生进行讨论时，教师应当做个观察者与参与者，也可以以一个普通合作者的身份，自然地参与到有困难的小组中去，引导学生进行有效的讨论交流，对学生的讨论情况做到心中有数。

现象五：合作评价过于简单，重结果轻过程

在合作学习的集体反馈环节，教师往往只求问题的答案，不关注解决问题的过程；只满足于预定问题的解决，不鼓励新问题的提出；只限定于一个答案，不接纳问题的多解性；只表扬小组的发言人，不表扬集体智慧的结晶；只要求集体回答，并不检验小组合作的效果。

解读：评价的主体是学生，以学生"学"的状况作为评价客体，重视将自评、互评和综合评定相结合。自评时要注重学生原有的基础，把评价学生的着力点放在争取不断进步与提高上。互评时要求学生相互之间多找优点，营造团体合作的氛围。总评时，教师在收集各种信息的基础上，把学生在合作过程中所表现出来的闪光点进行放大，让他们感受到成功的喜悦，以此来激励他们向更好、更高的方向发展。

总之，小学生学习数学，应该在学习中学会合作，在合作中学会分享，进而实现数学学习质量的全面提升。

三、合作分享教学模式的建构

在关注学生的个性差异和已有基础的前提下，合作分享是当前有效开展数学教育教学的一种重要方式。数学学科素养和数学课程标准也把合作学习置于非常重要的位置，并把"学习与他人合作，能与他人交流思维的过程和结果"作为目标之一。

金字塔理论告诉我们："讨论、实践和讲授给他人"是现代学习方式，其中"及时教授给他人"是最有效的学习方式。荀子说："不闻不若闻之，闻之不若见之，见之不若知之，知之不若行之。学至于行之而止矣。"（《荀子·儒效》）美国有位学者M.尔伯曼曾这样说：我们所能学到的东西是——所读东西的10%，所听到东西的20%，所看到东西的30%，视听结合能理解50%，与人探讨有70%的效果，亲身体验有80%的收获，给别人讲授后90%的东西真正属于自己。

小学数学是学生学习生涯中对数学学习打下基础的重要学科，在学生的初步学习阶段占据着重要的地位，而在小学数学教学过程中，教师应该把握学生学习的关键，改变传统的教学方法，寻找全新的更加有效的教学手段，帮助学生进一步高效掌握小学数学所学的知识点。而在所有的教学方法中，开展学生小组合作学习的教学方法是一种十分高效的教学方法。通过将学生进行分组搭配，让学生之间增进交流，在教学过程中，使教师的主体地位不知不觉地发生转变，从原本的教师针对学生的单向教学方式变成教师教育为主、学生合作讨论的小组教学为辅的教学方式，自然能够达到事半功倍的双向教学效果。

要真正做到提高学生的学习效率，数学教师在教学的过程中就需要真正地花功夫探索有效的教学方法，而培养学生的自主学习和探究学习的能力是十分有必要的。在这个基础上教师对学生进行分组，采用小组团队合作的学习模式，自然就能够真正地提高教学的有效性，通过学生间的讨论拉近学生与学生、学生与老师之间的距离，真正活跃课堂氛围，一举多得。

（一）合作分享模式在数学课堂的应用

1. 合作学习法在小学低年级数学教学中应用的意义

（1）调动学生的学习兴趣

小学生对周围的事物都充满了好奇心，拥有着强烈的求知欲。教师将学生进行分组，根据学生的学习情况在每个组别中将优秀学生、中等学生和差一等的学生进行组合，让学生在合作学习的过程中相互交流，取长补短，在学习中玩耍，在玩耍中学习，最终达到激发学生的学习兴趣，活跃课堂氛围的目的。

（2）活跃课堂氛围

数学课堂往往因为一些繁复的数学概念和数学问题而成为很多学生头疼的学科，也正因为这样，课堂氛围往往死气沉沉，毫无活力，很多学生东张西望，注意力难以集中。如果教师让学生分组进行合作学习和探讨，那么课堂氛围自然会在学生的思维跳跃中逐渐活跃起来，学生的学习效率也就能够大幅提高。最关键的是课堂氛围活跃之后，学生在课堂上更敢于发言，更敢于表达自己的观点和想法，学生与老师之间的氛围也就更加和谐，学习效率自然会大幅提高。

（3）促进教学创新

对学生进行分组，然后进行分组合作的学习是符合学生学习规律和学生成长规律的一种全新的教学手段，这种教学方法能够通过观察每一个小组的学生的学习情况得出全面的教学数据，有利于数学教师在教学过程中进行创新。

2. 小学数学低年级课堂教学中的探究

（1）巧设悬念，激发学生的自主探究意识

数学学习不同于其他学科，数学学习的过程中各个知识点是存在联系的，这些联系或强或弱。学生一旦发现了这些规律，就会对学习有很大的帮助，而在教学的过程中，数学教师应该有意识地设置悬念，让学生自己思索，在这个过程中，因为学生都进行了分组，每个小组的讨论会有不同想法的碰撞，这种碰撞极易打开学生的思维大门，开发他们的创新思维，还能够培养学生的自主探究意识和探究能力。

（2）探究规律，鼓励学生独立学习

数学学科知识点之间存在着联系，这也是数学这门学科自成体系的主要原因。这些知识点之间既有联系，又有区别，这种似有若无的联系就被称为规律。数学教师在教学的过程中要有意识地培养学生探究数学规律、寻找数学知识点之间的联系的能力，并且要在教学的过程中有意识地培养学生独立学习的能力。独立学习并非简单地做题、写作业，更重要的是通过独立学习培养学生自我探究、自我总结的能力。自我探究能够让学生在众多的数学概念中寻找到其中的联系，寻找到其中的规律。自我总结则是让学生通过所学的知识点总结出数学知识中的规律，做到触类旁通，真正学会和掌握数学知识的普遍适用性。学生拥有了自我探究的能力和自我总结的能力，也就意味着他们的数学学习能力已经大幅提升，他们已经真正地掌握了独立学习数学的能力。

（3）强调合作，集思广益

数学教学中对学生进行分组教学的目的就在于培养学生的合作能力，并且通过小组的合作探究让学生发现合作的意义，真正掌握团队合作能力。在这个基础上，因为学生思维飞扬，所以他们在思想碰撞下更容易创造高效的适合自己的学习方法，学习效果也就更加明显了。

（4）创设情境，小组成员互帮互助

情景教学是目前小学教学中比较常见的一种教学方法，小学数学教师应该充分利用这种有效的教学手段，实现学生学习方法的转变。从学生的学习特点和兴趣入手，为学生创建一个个生动、有趣、鲜活的学习情境，使学生的学习兴趣被激发，学习积极性高涨，最终变被动学习为主动学习。在此基础上，教师要求学生进行小组合作探讨，小组成员之间相互讨论，互帮互助，学习效果必然得到提升。

小学生正处在懵懂看世界的过程中，数学教师在教学过程中，要注重对学生整体素质的培养，将数学知识中的抽象概念跟现实生活相结合，并且要对学生进行分组，让学生习惯跟别人探讨合作，寻找数学学习中最有效的学习方法。

（二）合作分享在教师培养中的应用

1. 借鉴"分享"的理念，建设研究型的教学管理团队

（1）形成研究型的工作方式

组织教学管理人员，尝试建立"每月工作交流制度"，推进研究型的工作方式。具体做法：确定重点研究的任务（问题），独立思考梳理工作，在工作会上分享交流，通过同伴补充提示提升认识水平，提出下一阶段工作的推进举措。借鉴"分享"的理念，集大家的智慧推进研究工作。在填写"月工作表"时，重点思考"交流与分享"板块内容，体验这种工作方式，在工作中重视研究。

（2）深入课堂研究，明明白白指导教学

作为教学领导者，校长可以不上课，但必须"常听课、会评课"，这是课题指导专家褚宏启教授在论述校长教学领导力时提出的观点。学校教学管理团队要经常问自己三个问题："我校的教育教学现在怎么样？""我校的教育教学将会发展成什么样？""我校的教育教学应该发展成什么样？"要对学校的教育教学现状有充分的了解，清楚学校教学实践中的优势与不足，识别学校教学发展所面临的机遇与挑战，并在此基础上明确学校教学发展的近期目标、长远目标，以及各种目标的优先次序。

教学管理团队成员要"常听课、会评课，必要时候上课"，能够看懂教师的教学过程，明明白白指导教学，亲身体验处理学生学习过程中的问题和困难。

（3）建立学生学习的规则，有效地开展课堂教学

有效培养学生良好的学习习惯。学生在教师引导下，需要建立对"如何倾听""如何质疑""如何交流合作"等的认识，进行有关听说习惯、质疑习惯、假设推断思维、探究思维等方面思维能力的培养和实践活动，培养良好学习习惯和创新思维能力。

有效落实"三维目标"，激发学生强烈的学习欲望，从而激发学生的学习动机。学生在一次次收集信息、分享互动、处理信息的过程中，获得新知识，在分析解决问题的同时，获得自主学习的方法。在学习中，学生按照自己的情况，自主选择所需的知识，能够在很大程度上对学习的时间、过程和空间具有更多的支配权，能够方便地对自己所学的知识和所掌握的技能进行测试并得到及时的反馈。这样就为学生学习的主动性、积极性的发挥创造了良好的条件。

（4）形成分享式教学的基本操作模式

在教学实践过程中，确定让学生进行"合作分享"学习的一般操作过程，即"明确主题—独立思考—小组合作—全班分享"，结合不同班级的年龄特点，建立"两人小组""三人小组""四人小组"等不同的小组规模。

明确主题，是为了让学生的学习开展得有序、有效。学生有了明确的学习任务，可以避免合作学习的盲目性，充分体现小组合作学习的实效性。

独立思考是合作学习的前提，是一个自主的过程，是一个内化的过程，是在组内交流自己的思路见解的基础。小组合作交流是让学生在自主

探索的过程中形成自己对知识的理解，在合作交流中逐渐完善自己的想法。全班分享是在全班范围内阐述本组解决问题的结果，和全班同学进行思想的交流，或是解决在小组内没有解决的问题，寻求解决问题的思路，真正促进学生的主体性发展，增强学习的动力。

在合作分享的课堂中，教师如何有效地介入指导，最终都取决于教师的教学行为。这就需要教师不断地更新自身的知识结构，提高自身的业务能力，以适应不断变化发展的教学形势；需要学校为教师提供强有力的专业支持，引导教师自主发展和快速成长。

分享式教学体现了关注人的天性、人的思维方式的理念。学生在与他人的交往过程中分享智慧，分享学习过程中的思考和经验，实现共同成长，享受认同与尊重的愉悦过程。顺利开展分享式教学的前提是教师对学生充分理解、认可和欣赏，能够创造民主、平等、自由，包容、和谐、尊重的教学环境，在教学中充分尊重学生好奇心强、好探究、好分享的天性。

第五节　"异中求同"，重拾学习归属感

《义务教育数学课程标准》指出："数学课程应致力于实现义务教育阶段的培养目标，要面向全体学生，适应学生个性发展的需要，使人人都能获得良好的数学教育，不同的人在数学上得到不同的发展。"因此，在数学教学过程中，需要采取适当的教学方式。

良好的学习方式有利于激发学生学习数学的热情与积极性，有利于学生更有效地展开数学学习。当前，合作分享的学习方式正被广泛地运用于数学教学中。正如新课标所说："学生学习应当是一个生动活泼的、主动

的和富有个性的过程。除接受学习外，动手实践、自主探索与合作交流也是学习数学的重要方式。"在合作分享中，学生学习的过程不只是思想交换的过程，更是知识与技能、思想与方法进行交流和分享的过程，是真正体验、感悟、享受数学之"美"的过程。

著名数学家艾萨克·牛顿曾说过："如果说我比别人看得更远些，那是因为我站在巨人的肩膀上。"数学的学习与研究科学而严密，仅仅依靠个人的力量较难取得成就，只有在合作分享中不断探索与思考，在多元化思维的辨析过程中不断碰撞与交流，学生良好的数学思维品质才能得到不断提升。因此，在数学学习中帮助学生找到归属感十分重要。

小组合作学习是一种新型的授课方式，将之应用于小学数学课堂教学活动中，有助于达到活跃课堂教学气氛、促进学生学习积极性提高的效果，最终实现高效教学的目的。对此，小学数学教师应该对其进行合理、充分的利用，有效提高课堂教学质量，增强学习效果，使学生对知识形成系统、全面的把握，最终促进自身学习能力和综合素质的提升。

小学阶段尤其是低年级学生在数学学习中受到自身年龄特点与心理特点的制约与影响，往往难以独立进行数学学习。

一方面，低年级小学生的年龄和心理特点决定了他们在数学学习的过程中存在明显的"从众"意识，自我判断能力薄弱，学习依赖性相对较强，需要数学学习归属感的支撑。

另一方面，低年级小学生相对缺乏数学思维的逻辑性，数学表达的科学性与严密性相对不足，导致许多学生在学习数学时缺乏"安全感"，要促使其不断寻求数学学习的归属感。而在合作分享的过程中，学生能够在小组中更开放、更自由、更多元地进行思考与交流，寻求小组中"志同道合"者的肯定与支持，增强自身学习数学的信心，获得学习的归属感。因此，在合作分享的学习方式中需要"异中求同"。

一、预习前置合作分享，把握知识本质

例如，在教学"平均数"时，鉴于"平均数"是统计领域里一个十分重要的概念，兼具统计学意义和实际应用意义，为了让学生真正把握"平均数"的本质，课前开展了预习前置活动：根据男、女生两组篮球赛成绩统计图（其中男生组有4人，女生组有5人）判断哪组水平高，可以代表班级出赛，并尝试用画图、计算或文字描述的方式阐述理由。学生独立思考、判断后再进行组内交流，最后进行组间分享、质疑和补充，充分探索不同的解题方法。

在这样的过程中，学生及时否定了单一比较两组内投中个数最多者的方式。在人数不等的前提下，仅仅比较总数以及去掉女生组内1人成绩再比较的方法，并充分说明了理由。在反思不当方法的基础上，提出了形象的"移多补少"法和简便的"先总后分"法，有效地掌握了求解"平均数"的方法，并深刻认识到"平均数代表了一组数据的一般水平"这一重要特征。

虽然是全新的知识概念，但学生在预习前置的活动中，借助合作分享的学习方式，不断思索、不断尝试，寻求有效的、多元的方法，对不同的方法进行分析，结合具体的情景与问题，共同探索了"平均数"这一概念的意义，准确把握了知识的本质。这样的学习方式不仅反映了学生独立的、真实的想法，更使每一位学生都探索了数学知识的本质。

二、新知探索合作分享，突破思维限制

例如，在教学"两位数加两位数的口算"时，对于"44+38=？"这个问题，学生受到两位数加两位数笔算方法的影响，迁移了类似笔算的方法来解决，即先算个位数，再算十位数，逐步求解。这样的迁移仅仅是刻板

地套用旧知识，不利于学生开拓思维。

"小组合作交流——组间探讨补充"的方法是：第一步，组内合作，说一说可以如何计算，并尝试用算式表达；第二步，组间分享，评价算法并思考探索，尝试提出不同算法；第三步，思考比较，找出不同算法之间的相同之处。

通过上述方法，学生发现不仅可以迁移旧知识进行计算，还有许多巧妙的方法可用，例如：

（1）先拆再合（拆1个加数或2个加数为整十数和一位数再分别计算）。将38拆分成30和8，先算44+30=74，再算74+8=82；或将44拆分成40和4，将38拆分成30和8，先算40+30=70，4+8=12，再算70+12=82。

（2）凑整再减（将1个加数凑成整十数相加，再减去多出来的数）。将38加2凑整成40，先算44+40=84，再减去凑上的2，于是得出84-2=82。

借助这样的方式，学生在合作时畅所欲言，充分表达自己的想法，而在分享时积极评价，及时补充，多角度、多方面地探索了不同的计算方法，最终掌握了多种口算方法。方法不同但殊途同归，实质上都是"相同数位上的数相加"。而在这个"异中求同"的过程中，学生了解了口算时可以怎样简便计算，促进了自身数学思维品质的良好发展，也进一步提升了自身的数学素养。

三、练习巩固合作分享，掌握方法实质

例如，在教学"两、三位数除以两位数"时，学生通过学习掌握了除数是两位数（包括整十数和非整十数）的两、三位数除以两位数的笔算，也认识到当被除数与除数末尾同时有"0"时，可以根据商不变的规律进行简算。在练习巩固的过程中，如何处理笔算的题组值得思考。一方面，

计算是学生的基础能力，需要进行适当的练习加以巩固，另一方面，在课堂教学时，由于时间有限，如果每道题都完整地笔算解答则耗时较长，同时，大量的题组也使得学生出现的错误较多，难以充分地反馈与交流。

此时可以尝试小组合作分享：以小组为单位，选择一个题组进行解答（可以全员解答也可以分工解答）。组内分享计算过程与相关注意点，组员倾听、质疑与评价。组内交流解决题组的过程中出现的典型错误或计算注意点。组间分享不同题组的计算注意点及解法上的相同与不同之处。

借助这样的过程，学生充分接触到了多种类型的除法笔算，也通过解题、交流、纠错、提醒、分享、评价、比较等环节扎实地掌握了除法的笔算方法。不同的题组有不同的选择，但计算时的方法与注意点是相通的，这样的过程避免了单一枯燥地反复计算，也让学生在主动的合作分享中把握了除法笔算的方法实质，而组内交流、组间分享等多样化的形式也能帮助学生进一步有效地提升自身的基础计算能力。

德国哲学家雅斯贝尔斯说过，教育意味着一片云推动另一片云，一棵树摇动另一棵树，一个灵魂召唤另一个灵魂。那么，这推动另一片云的云，这摇动另一棵树的树，这召唤另一个灵魂的灵魂绝不仅仅是教师，更是每一位学生。在合作分享的学习方式中，学生能够在"异中求同"中有效获得数学学习的归属感，这样的过程使数学学习变得灵动，也无限延伸了数学探索与研究的生命线！

四、教师引领合作分享，提高整体成绩

合作学习是一种结构化的、系统的学习策略，以合作和互助的方式从事学习活动，共同完成小组学习目标，在提升每个人的学习水平的前提下，提高整体成绩。

小组合作学习作为一种学习能力，需要教师循序渐进、持之以恒地训练；小组合作学习作为一种学习方法，需要在教师科学指导、适时点拨下逐渐形成；小组合作学习作为一种学习兴趣，需要在教师的教学能力和教学艺术的引导下得以发展。

（一）小学数学合作学习是学生为了完成共同任务，有明确分工的互助性学习

合作学习鼓励学生为集体利益而配合，在完成共同任务的过程中实现自己的目标。数学学习中常常涉及新定理，学生如果没有做好预习工作，很难在课堂中学以致用。针对学生缺乏预习的状况，教师可以组织学生以小组合作的方式进行预习。

由教师安排预习作业，包括资料的收集和对课程的简要了解。每组成员在组长的安排下，利用课后时间进行课前预习，由记录员对教师可能提出的问题进行统计，打印之后交由每个组内成员研究。下节课开始，教师对学生的预习成果进行检验，通过提问的方式随机抽查，提问完成之后，对各组的答题情况进行综合评分，并以组为单位施行奖惩措施。鼓励成绩欠优的小组，奖励成绩较好的小组。以组为单位，督促学生进行课下学习，变被动为主动，提高学生的学习效率。

（二）提高小学数学课堂合作学习效率的方法

1. 合理分工，加强小组监督

合作学习是小组成员进行合作的学习模式，主要目的是使学生通过互帮互助实现取长补短，共同进步。但是如果合作学习效率低下，就失去了意义。因此，在进行数学课堂合作学习的过程中，首先应该明确合作学习的目的，在组内分工时，组长可以是学习成绩相对较好、组织能力较强的学生，另外，组长必须对组员的学习情况有准确的了解，可以有效地分配

相关的任务。例如，在学完基本计量单位之后，教师可以布置以小组为单位测量教室门高度的作业。如果组内有六个人，则两人进行测量方案的制定，两人负责具体的测量操作，最后两个人进行后期记录，每个组员在不同的时间段有着各自的任务，保证每个组员都参与到活动中，切实提高学生数学实践的能力。

2. 创新方式，培养学生兴趣

（1）创新合作学习的方式

较好地培养学生的学习兴趣，使每个学生都参与进来，为集体利益出力。小学数学的解题方式多样，在几何教学中，一道题目可以有多种解法，教师可以组织学生进行合作学习，鼓励学生以小组为单位研究问题的求解方式。每个学生的思维方式不同，对题目的解答策略各有特点，而学生大多有表现欲，想要发现新的思路，就会在合作讨论中进行思维的碰撞，进而更加牢固地掌握数学知识，培养学习兴趣。

（2）教师可以通过实践将学生引入学习状态

小学数学课堂中，教师可以通过引导学生进行实践完善教学过程。例如，在学完正方形和圆形面积的计算定理之后，教师可以布置课下作业，让学生使用合作的方式尝试测量并计算学校操场的面积，在合作中加强对数学知识的理解。通过实践加强对学生合作能力的培养，激发学生的求知欲，进而对相关的问题进行思考，合作研究，最终找到解决问题的途径。小学生有着相对较强的表现意识，在数学课堂上，教师可以根据学生的能力有意识地创设数学题目，引导学生进行数学内容研究，使他们在碰撞交流中，激发自身的探索热情，燃起探索创新意识，使自主创新与观察探索能力得到实质性的提高。

（3）应用教学法是重要的数学教学方式

应用数学法主要是将生活中的具体案例融于数学教学中，从而提高学生的数学思维能力。例如，在进行概率教学之后，教师提出让学生讨论生活中应用概率的事件，有的学生提出买彩票中蕴含的数学概率道理，有的学生提出掷骰子中的概率计算。学生在合作学习中可以更好地交流自己的生活经验，从中感受乐趣，并增进同学情感，在愉快的氛围中提高自身数学能力。

3. 适当的表扬和批评是催化剂

《义务教育数学课程标准》指出："学生是数学学习的主人，教师是数学学习的组织者、引导者和合作者。"合作学习成功与否，同教师的引导与参与是分不开的。一方面，教师提供给学生的合作学习材料要"新、活、趣"，使学生感到新奇，有探究的价值。另一方面，此时的教师必须对各小组的合作学习进行现场观察和介入，为他们提供及时有效的指导。

要运用教学评价鼓励合作。教学评价是整个教学过程中不可缺少的重要组成部分。讨论结束后，不但要注重学习结果的汇报，更要注重对合作过程的评价。

教师在日常教学中有意识地强化"小组"的集体荣誉，即对小组进行评价。如开展比"哪个小组得的红旗多"，评"最团结小组""红星小组"等活动，使小组内互动、互助、互励，从而全面提高学生的素质。

例如，教学"认识钟表"时，给每个小组提供一张圆形纸片，两根大纸条，以剪刀、图钉等，让学生自己动手制作一个钟表模型，并要求小组合作时，做钟表模型时要保持安静、团结友爱、分工合作，音乐开始时开始，音乐停止就停止，最后比较哪组做得最快最好。

在每节探究活动结束时，针对纪律、组织探究活动等情况，教师表扬表现最好的小组，同时也可对一些小组存在的问题给予批评，使得在下一次的小组合作学习中，学生们不再出现或少出现类似问题，让数学探究活动越做越好。例如，有些组的学生组织得较好，很快就可以把探究的问题研究完，而有些组则由于组内分工不合理，在规定的时间内没有完成探究问题，教师指出来后，可以促使各小组在下一次的小组合作学习中进步，从而使得这类表扬和批评成为促进学生小组合作学习的催化剂。

小学数学是小学基础课程的重要部分，合作学习是提高数学课堂效率的较好方式。小学数学课堂合作学习模式主要包括课上知识的合作研究和课下活动中的合作实践，针对不同的学习内容有着不同的学习方法，必须落实分工策略，完善评价制度，创新合作教学方式，构建优秀的小学数学合作性学习课堂。

（三）分享式教学不仅是一种模式，更是一种理念

分享理念倡导将课堂还给学生，充分解放课堂、解放老师、解放孩子，为孩子们的个性发展创造空间，为孩子们的综合能力提升构建开放的高效课堂环境，为每个孩子都提供更多的课堂参与机会、自我表现机会和分享交流机会。

新课标积极倡导"自主、合作、探究"的学习方式，强调"学生是学习的主体"，"特别注重探索和研究的过程"，并力求建设开放和充满活力的课堂，让每个孩子都能在快乐学习的课堂中自主思考、积极交流，让每一个孩子都能在合作交流中构建知识、体验快乐、感悟成长，让每一个孩子都成为课堂学习的真正主人。

1. 实时关注找到分享的契机

（1）出现新知识，需要探索时就分享

要培养学生主动探索学习的能力，就要敢于放手让学生去学，不要总是怀疑孩子能否做好。在小学二年级教学中，乘法口诀是教学的重点，也是每个学生都必须掌握的内容。在以往的教学中，我们的老师习惯于一句一句地讲解，既让学生感觉千篇一律，又要花费大量时间。对于这样

的新知识，我们完全可以让学生分享自己的想法。当学生知道一个七巧板是一个7，口诀便是一七得七时，学生就会举一反三学会剩下的几句口诀。通过分享，可以直击难点，解决问题，还能让学生养成了主动学习的习惯。

（2）意见不统一，需要争论时就分享

学生意见不一致时，可以让持相同意见的学生一起合作，与持不同意见的同学展开辩论，在辩论中明辨是非，加深认识。在北师大版小学五年级数学教材中，有一道题问哪几个图形阴影部分的面积不是整个图形面积的1/3，有的学生认为应选②④，有的学生认为应选②③④。针对这种情况，应该让学生展开讨论。通过讨论，学生明白了那只是一点误差，不必计较，所以答案就一致了。

（3）人人有体会，需要交流时就分享

当一个主题通过学生各自深入学习、探究以后，人人都有了体会和感悟时，不妨组织学生进行交流，给学生表现自我的机会，让学生共享智慧，体验快乐。例如，我在教完四年级数学"合理安排时间"这一内容时让孩子们谈一谈通过这节课的学习有什么收获。有学生说："在做一些事情时，能同时做的事情越多，所用的时间就越短。"有学生说："我可以用流程图的方式表示沏茶方案：洗水壶—接水—烧水—沏茶（用时11分钟）。"有学生说："家里来客人了要沏茶，这才是懂事的孩子。"有学生说："乘车看书会影响视力。"有学生说："通过这节课的学习，我更加热爱生活了。"学生们都有各自的想法。让他们结合自己的生活实际，在分享中感受到怎样更合理地安排时间，感受到合作的快乐，也加深了对合作的认识。

2. 精心做好分享的指导

（1）鼓励学生学会独立思考

教师提出问题之后不要急于让学生讨论，而要让学生自主学习、独立思考一会儿，有了自己的想法后再参与交流。这样既有利于培养学生独立思考的良好习惯，又能保证每一个学生都有表达自己看法的机会。

（2）指导学生学会倾听发言

倾听是交流的基础，要让学生学会在合作学习的过程中相互尊重，学会倾听他人的发言，不随便打断别人的发言，努力把握别人发言的要点与亮点，并对别人的发言作出中肯的评价，这些都是人际交往中必备的素质。自顾自表达自己的意见，不倾听他人的评价，唯我独尊，不仅影响交流效果，还会影响分享的深度。要求学生听别人说话时看着对方的眼睛，停下手中的动作，这样可以在一定程度上避免学生心不在焉，当学生达到这个要求时再提更高的倾听要求。

（3）引导孩子学会陈述观点

在交流时我们要求孩子紧扣主题，注意有理有据、有条不紊地陈述自己的观点、看法和建议；当不明白或没有听懂别人的观点时，请求对方作进一步的解释；当别人的观点与自己的不一致时，诚恳地大胆地据理力争。此外，还要注意发言时的态度、说话的语气以及措辞等。这也是指导学生学会与他人交往的基本技巧。

第六节　引导学生主动参与，增强教学效果

教育的变化总是和经济社会的变化有着最直接的关联，改变学生学习的方式就是如此。家长希望自己的孩子得到教师更多的关注，享受更优质的教育资源。"教学"的含义也绝非单指一个有学问的教师站在讲台上滔滔不绝地讲课。

要尊重孩子，营造多元、个别、适应性强的学习空间，接受孩子慢慢成长。老师给自己弹性修改"教"与"学"的互动空间，在数学教学中，就可以根据学生的特性，尝试让学生充分参与教学活动。这里所说的"参与"是指减少老师滔滔不绝的讲授时间，增加学生自主实践的时间，以此作为改变学生学习方式的起点，深化课题改革，构建体现教育特点、适合学生发展的教学模式。

亲身参与是促进事物发展的基本条件。"参与教育"理论承认每个孩子都有一个独立的精神世界，有独特的天性和潜能，要使每个学生都充分发挥自己的个性潜能，成为他自己能够成为的人。

尽管儿童潜能方向和水平有差异，但小学教育作为为人的发展打基础的教育，要在内容覆盖和智能开发训练方向上较为均衡，使儿童成为较为均衡发展的人。数学教育不只要让学生掌握数学知识，更要培养学生独立获取知识的学习能力、勇于创新的主体意识，要达到这样的目的，关键在于让学生主动参与数学学习活动。

教育价值理论一般认为现代教育具有在经济、政治、文化和科技各个领域调整社会人才结构，促进人才流动以及促使人的身心全面健康发展诸方面功能。教育的这种多功能性，带来教育目标选择或教育目的的多元性。参与教学策略正是以此为基点，使每个学生都走向社会，走向生活，去亲自探索、发现知识，适应竞争日益激烈的社会。教学活动是一个"认识——发展"的过程，东汉许慎早在《说文解字》中就写道："教，上所施，下所效也。"也就是说，教学是"施"与"效"的统一。

教学原则中的动机原则、反馈原则等，教学过程中的信息处理模式、行为控制模式等，教学方法中的双边性、发展性、最优化和现代化手段运用等，都直接支持着学生参与教学活动，在教学中应加大对学生亲身参与探索知识的支持力度，减少学生被动获取知识的环节，使探究性学习得以深化或改良。

知识构建理论始终有这样一个问题要思考：教师对学生获取知识的思维过程的干预，到底能否替代学生自己的活动？ 理论上讲是不能的，因为学生学习数学知识的过程，不是一个"被动吸取知识、记忆、反复练习、强化储存"的过程，而是一个"学生以一种积极的心态调动原有的知识和经验，尝试解决新问题、同化新知识，并积极建构他们自己的意义"的主动建构的过程。建构者只能是学生本人，他人是不能代替学生进行思考的。教师的作用只是引导学生建构得快一点、好一点。况且，每个学生都有自己的数学学习基础（虽然处于同一年龄段的学生的思维有着共同的特征，但对于每个学生个体来说，由于智力的差异、基础知识的差异、生活经验和环境的差异，面对同样的问题，他们的思维方式、采用的手段和方法也是有差异的），教师的讲解难以满足每个学生的实际需要。

学生参与教学活动，既根植于深厚的传统思想文化土壤，又扎根于现实的教育实践中，具有理论与实践双重基础。我校是寄宿学校，学生有参与数学实践活动，延伸数学课堂的时间和条件；充实的电脑课件制作知识、丰富的上网经验，使学生有参与课件制作的技术储备。在引导学生主动参与课堂教学方面，我校具有得天独厚的优势。

组织学生参与课堂教学就是设计特定的教学情境，适应学生学习需要，制定教学程序、计划和采取有效的教学措施，完成教学任务，就是使学生积极参与课堂教学活动。学生是学习的主人，参与课堂教学受师生关系、课堂教学氛围、教学内容与形式、教学设计及学生个人心理素质等因素的制约，这就要求教师积极消除不利于学生的制约因素，实现全员参与、全程参与、主动参与，调动每一个学生的积极性。

一、把握课堂，激发学生主动参与的欲望

学生学习数学是一种有意识的行动，需要激发推动他们学习的动力，

达到学习目的。当学生有了学习数学的需要和愿望，就会出现一种激励、推动自己学习的心理力量，积极主动地参与学习。在课堂上，通过精心设置问题情景，就能激发学生参与的兴趣。例如，学习"平均分"的问题时可以这样设计：在跳绳比赛中大家表现得很出色，张老师给大家送来了奖品，12朵红花分给每组4名同学，请大家根据成绩动手分一分。接着，同学们按照比赛的实际情况参与操作，如下几种分法出现在投影幕上，5、4、2、1；4、4、2、2；5、5、1、1；3、3、3、3……其中一组同学成绩相同，每人都分到了3朵红花，每人分得同样多就是"平均分"。"平均分"这种分的特例就这样被学生发现了，学生因此了解了"平均分"的概念。这种新的数学知识会成为学生生活中解决实际问题的工具。在学生参与的过程中，要经常予以激励评价，激发他们进一步参与的欲望，苏霍姆林斯基说："在人的心灵深处，都有一种根深蒂固的需要，就是希望感到自己是一个发现者、研究者、探索者，而在儿童的精神世界里，这种需要特别强烈。"因此，教师要面向全体学生，实现学生有差异的发展，预想学生学习中的各种反应及将会遇到的困难，提供适合各个层次学生都能参与的问题信息，力求"保底不封顶"的教学效果。

二、体验成功，走向社会

实践证明，光有爱学生的情感是不够的，必须让学生体会学习的成功，没有学习成功做支柱的情感是难以持久的。怎样才能给学生以成功的体验呢？除了激发学生主动参与的欲望、创造主动参与的条件外，还要有意识地培养学生主动参与学习的能力。学生一旦具有了这种能力，就能不断获得学习成功，增强自信和动力，更好地参与学习活动。参与实践需要有合适的载体，而把实实在在的现实社会作为参与教学的载体，既能满足学生的求知欲望，充分调动学生学习数学的积极性，又能使学生的创造潜能得到极大发挥。

学习"千克的认识"这部分知识时，课堂被设在了学校附近的华润超市，首先，教师明确了本节课的学习任务——认识千克，然后设计了操作步骤。

第一步，搜集商品的质量单位并做好记录。

第二步，观察售货员阿姨用什么工具卖货。

第三步，购买质量是1千克的商品。

第四步，回到课堂，展示自己的成果。

同学们就像小鸟一样飞向了广阔的生活大课堂，细心地看、比、记，回到学校后，都争先恐后地把自己的发现告诉大家。

结果，同学们不但准确地认识了"千克"这个质量单位，还认识了另一个质量单位"克"；不但学习了数学知识，还认识到生活中处处都存在数学现象，数学知识可以解决生活问题。

三、动手操作，延展学生学习的时间与空间

面对小学二年级的小学生，在数学课上使用课件，要尽可能地体现教师与学生的交互性，适当加入人机交互方式下的练习。例如，请学生上台操作回答，在学生回答后由教师操作，还让学生自己演示自己制作的课件，这样做能活跃课堂气氛，引导学生积极参与到教学活动中。学习乘除法应用题时，教师将授课地点选在计算机教室，学生们自己用演示文稿编应用题，制成课件，放映给大家看，讲给同学们听，乘除法的数量关系就在这一制、一放、一讲中被理解透彻。"网上购物"的模拟实践活动使孩子们进一步体会到生活中处处有数学，处处应用数学。

从具体知识上看，通过实践参与活动，学生掌握的知识牢固、广泛，对计量单位的认识十分准确，表3-2就有关量与计量的两个单元的知识做了对比。

表 3-2　学生对量与计量的知识掌握情况

学习内容	学习形式	知识掌握情况	知识拓展情况	检测情况（一个月后）	备注
米、厘米的认识	坐在教室里，教师授课	掌握了测量工具、进率、计算方法（课标要求）	15%的学生知道还有"小的"或"大的"长度单位，很肤浅	优：（15人）46.9% 良：（13人）40.6% 合格：（4人）12.5%	任课教师为同一人
认识千克	走进超市，操作探究	除完成了课标要求外，还会使用测量工具，会计算（课标无要求）	85%以上的学生认识了"克"，且会应用	优：（28人）87.5% 良：（3人）9.4% 合格：（1人）3.1%	

从各项指标来看，对通过亲身参与得到的知识，学生记忆得更牢固，能应用，对相关知识有比较广泛的了解，且对密切相关的知识达到了掌握的程度。

四、积极变更，为传统教育注入活力

通过在"教"与"施"的比例上做较大调整，学生对数学学习产生了浓厚的兴趣。我们对应用题的数量的关系理解做了如下检测（见表3-3），可以从一个侧面说明问题。

表 3-3　学生对应用题的数量关系掌握情况

学习内容	10题计算	自选条件编题	语言外化数量关系	应用于生活（学生秋游前购物时统计）	备注
加减法解决问题	正确率56.3%，其中13人全对	12人熟练，占全班总人数的37.5%	16人熟练，占全班总人数的50%	22人有意识，占全班总人数的66.3%	每次都是在自然状态下对学生进行测试、调查，尽量减少无关因素的干扰
乘除法解决问题	正确率87.5%，其中25人全对	21人熟练，占全班总人数的65.6%	25人熟练，占全班总人数的78.1%	30人有意识，占全班总人数的93.8%	

从各项测试、调查的结果看，随着学生参与课堂教学实践活动时间的延长，学习方式改变的力度加大，学习效果的提高比较明显。

教师落实观察合作分享理念，组织学生参与课堂教学的实践，例如，把握课堂，激发学生主动参与的欲望；体验成功，走向社会这个广阔的大课堂；制作课件，延展学生学习的时间与空间。让学生主动参与数学学习活动，有意识地用数学知识解决生活中的问题，建立了数学思想，才能实现数学教育的根本目的。从具体知识上看，通过实践参与活动，学生掌握的知识牢固、广泛，对计量单位的认识十分明确；同时，教师积极变更，为传统教育注入了活力，在"教"与"施"的比例上做了较大的调整，学生对学习数学产生了浓厚的兴趣。

实践证明，组织学生参与课堂学习活动，会极大地激发学生发展的潜能。

美国马里兰州洛克威尔市特定诊断研究会对53000名学生进行学习方式偏向测试后得出普通学生学习方式分析图：37%的学生是动觉学习者（移动、触摸、行动），34%的学生是听觉学习者（声音、音乐），29%的学生是视觉学习者（通过图片来学习）。因此，要精心设计数学学习活动，使抽象问题形象化，有意识地引导学生多感官参与学习活动，提高学生的参与度，充分发挥学生主动学习的兴趣，调动学生学习数学的热情。

课堂教学实践活动的实施，为学生充分表现自我提供了机会，激发了学生内在的学习动机，逐渐使学习成为孩子们自发的需要。

教育心理学研究表明，每个孩子都有表现自己的欲望。因此可以精心设计数学活动，让学生当"小老师""小超市收银员"。当学生当"小老师"，到教室前面板演，并且边计算边说出自己计算的思考过程时，这一情境对他提出了较高的要求，他要先理解，还要组织语言表达，并要让同伴听清楚。教师对学生阐述的内容，或虚心学习，或给予更多的补充。这种语言交流、思维碰撞的过程，也是学生对知识内化的过程，说与听的学生都是有收获的。他们体验到学习的乐趣，都愿意讲，这样就会促使他们主动去学。

可见，参与实践活动对学生来说是多么重要！在参与课堂教学实践活动时，应用到各个学科的知识，以及上网知识、社会交往能力等，促使学生自主学习，并且加强了对相关学科间联系的理解。

总之，在数学教学中，组织学生参与教学实践活动，明显影响了学生对知识的学习和接受能力，在这种学习方式下，学生的个性和行为习惯都出现了更加积极的变化。随着对学生"学"的研究力度不断加大，通过加强对学生"学"的方面的探讨，千方百计地调动学生学习数学的兴趣，激发学生探求知识的欲望，使学生变被动地接受为主动地获取，变学会为会学，变苦学为乐学，真正成为课堂学习的主人。

可持续性——释放学生天性，助力学生可持续发展

第四章

本章导读

　　培养学生的数学核心素养，是当前小学数学教师都应该关注和切实落实的重要任务。应用意识与解决问题的能力作为小学数学学科最重要的核心素养之一，却在平常的教育教学过程中经常被教师忽略。小学是培养学生数学素养的关键阶段，教师应当与时俱进，改变传统的教学理念，在教学过程中体现培养学生应用与解决问题的能力的意识。

教育不是简单地填满一桶水，而是点燃一把火。

教育是心灵的艺术，是师生心灵的同频共振，互相感染、互相影响、互相欣赏的精神创造过程。它是心灵对心灵的感受、理解、耕耘和创造。对真正具有人文精神的幸福课堂的教师而言，他在每一堂课上，都能以思想点燃思想，以宽容培养宽容，发现并释放每个孩子身上的优势。

《中国学生发展核心素养》中明确提出，教育的核心是培养"全面发展的人"。由此看来，数学课标原本强调的"四基""四能"已无法满足当前的教育需求，当前的数学教学应该有更多更丰富的内涵。培养学生的核心素养，旨在改变传统的教学理念，让学生更健康地成长。由于传统的教学理念根深蒂固，加上固有的只以学生的考试成绩作为教师教学能力的评价依据，很多教师还一味追求学生的考试成绩，把学生打造成"考试机器"，认为学生取得了好成绩，自然而然就会把知识应用到生活当中。

殊不知，培养学生的应用意识，不是一时半会儿的事，而应该贯穿我们的每一节课，应该把关注学生的应用意识作为我们课堂的常态。从"基于区域的小学生数学核心素养评价体系的实践研究"课题组的问卷调查中可以看到，将近65%的教师认为培养学生的应用意识，是提高小学生数学核心素养的关键。小学是培养公民数学核心素养的关键时期，作为小学专业数学教师切记不要忽略对学生应用意识的培养。

数学需要与其他学科自然融合，成为生活中需要的科学。"数学来源于生活，又应用于生活"，教学设计注重引导学生在日常生活中掌握相关数学知识，探索真实世界中的数学，使数学与生活、自然科学很好地融合。这比单纯学习数学更能激发他们的好奇心和创造力。

应用意识和创新意识是小学数学课程培养的重点。数学课标明确提出数学教学中应特别重视的10个重要能力，即数感、符号意识、空间观念、几何直观、数据分析观念、运算能力、推理能力、模型思想、应用意识和创新意识。

数学课程改革的核心是改变学生的学习方式，数学教学的最终目标是教会学生学习数学、运用数学，教会学生自己提出问题、解决问题。在小学数学教学中，教师不仅要注重让学生掌握数学基础知识和基本技能，还要注重组织学生开展有效的分享合作学习，通过各种方式鼓励学生充分运用实践、思考、调查、讨论、交流和合作等方式开展数学学习，能够熟练地、自发地运用数学知识，以解决日常生活中和工作学习上遇到的数学问题。

从考试背景看，当前教育改革，重要的内容之一是考试，其重要精神是把学生的课堂表现考出来，重视基础，考查基础知识的掌握程度，把学生的基础和9年的积累考出来，改造难题，不让学生固化到做题上，让学生回答解决问题的思路，考查思维方法和思维过程。

从人才建设的角度看，学校教师队伍发展还存在问题，在数学学科的团队中，骨干教师比例小，骨干层次低，还没有形成良好的学科教师发展梯队。

从数学课堂现状看，教师教学形式单一，学生经历体验的过程不充实，关注学生的理念还流于形式。课堂上教师更多地注重把要讲的内容讲完，忽视学生的实际需求和学习过程，老师占用的时间远远多于学生，这和"把课堂还给孩子"的教学理念相去甚远。

基于以上对研究背景的分析，我产生了以下思考：教学方式的改变和学生学科素养的提升具有怎样的关系？明确了学生数学学科核心素养的内涵后，在此基础上如何给小学生提供尽可能多的活动思考空间，充分挖掘学生的潜能，促使学生更好地学习并应用数学？

数学学科素养属于认识论和方法论的综合性思维形式，具有概念化、抽象化和模式化的认识特征。就数学学科而言，研究表明数学核心素养包含数学抽象、逻辑推理、数学建模、数学运算、直观想象、数据分析等六个方面。

一个具有"数学素养"的人在他认识世界和改造世界的活动中，常常表现出三个特点：在讨论问题时，习惯于强调定义（界定概念），强调问题存在的条件；在观察问题时，习惯于抓住其中的（函数）关系，在微观（局部）认识基础上进一步做出多因素的全局性（全空间）考虑；在认识问题时，习惯于将已有的严格的数学概念如相关、随机等用于认识现实中的问题。

核心素养要求我们的教学激发学生发现问题、提出问题、解决问题的热情，培养学生的探究意识和良好的合作学习习惯，提升学生的学科素养，切实提高合作学习的效率，促进学生全面和谐发展。

所谓数学核心素养，是指学生应具备的、能够适应个人终身发展和社会需要的、与数学有关的关键能力和思维品质。不只关注学生对知识目标与技能目标的掌握，更应该关注学生是否能够用数学的思维方式观察事物、分析社会现象，从而解决现实中的问题，真正形成数学素养。学生的数学素养包括：思考问题的方式是否理性，是否具有发散性思维；是否具有创新意识，从不同的角度看待同一事物，用创造性思维解决问题；是否具有稳定的个性心理品质。

在学科教学中，关注学生基础差异和不同学习需求，在给学生提供充分的学习思维空间的研究思路指导下，精心设计课堂教学，探索增强课堂教学效果，切实提升学生的数学学科核心素养，是我们要深入研究的问题。主要体现在两个方面：第一，在科学运用现代化设备时，如何落实学生的分享交流。知识载体的不断丰富，训练评价手段的逐渐科学化等，都是帮助学生理解和掌握学习过程中的难点问题的重要载体和形式；第二，在教师不同教学技艺运用方面，如何落实有效分享。最终使学生学会用数学的眼光观察现实世界，学会用数学的思维思考现实世界，学会用数学的语言表达现实世界。

最终，要使学生全面发展，提高学生的数学核心素养，进一步深入改变教师的教学方式，形成特色风格。

第一节 如何发展学生的数学思维

一、如何激发学生的数学思维

如何激发学生的数学思维？启发、探究、发展思维已经变成数学教学的重要任务，也是数学新课程中的新要求，因此，教师在教学过程中应充分运用各种有效的教学手段和方法，激发学生的数学思维。

（一）注重引导学生提出问题

学生积极提出疑问的过程就是思维思考的过程。他们思考问题的方式往往是单一的，需要教师在关键时刻把学生的思维引向更高层次。要使学生学会提问题，教师的指导必不可少。指导要循序渐进，重要的是要教给学生提出问题的方法。

1. 引导学生在观察中质疑

要学会提出问题，如"车轮为什么是圆的而不是长方形或正方形的呢？""屋顶为什么是三角形的，平行四边形可以吗？"数学知识是与我们的生活紧密联系的，所以教师要引导学生学会观察并提出问题。

2. 学生能针对教师设计的问题质疑

教师要引导学生形成发散性思维，提高质疑的质量，引导学生针对问题提出"是什么""怎么样"和"为什么"，"先求什么、再求什么"，"数学信息里面我们已经知道了什么"，"看谁提的、想的跟别人不一样"，"看谁的问题大家最感兴趣"，这样日积月累，学生就会由敢提问题变为会提问题了。

（二）引导学生思维，让学生有序思考

只有教给学生正确的思考方法，才能提高学生发现问题、分析问题和解决问题的能力。学生"思考有根据，过程有条理"，初步逻辑思维能力就能不断形成。学生的思维就会不断地被激发而"动"起来。教学时，要针对不同年龄段的学生进行思维训练，如低年级学生具有年龄小、数学思维能力弱和数学知识结构独特等特征，那就要引导学生踏上有序思考之路。

例如，有这样一个问题："你能用2、5、8三张数字卡片摆出哪些两位数？"学生拿到这道题目时，思维是无序的，不能一个不漏地写出所有的两位数。这时就需要教师引导学生进行思考：怎样才能一个不漏地写出所有两位数呢？我们可以先把数位表写下来，先把一个数固定在十位上，例如，先把2固定在十位上，这时个位上可以分别放5和8，就组成了25和28；接着，从左往右，看看可以把哪个数固定在十位上（如5），就组成了52、58；最后，看还可以把哪个数固定在十位上（如8），就组成82和85。通过这样的有序引导，学生的思维马上"动"起来了，数学思想方法也得到了迁移。

二、如何发展学生的数学思维

（一）暴露思维过程，发展学生思维

思维是从在问题中引导开始的，问题是激发学生求知欲的内驱力。暴露思维过程是发展学生思维的有效手段。在教学活动中，师生双方都必须

充分暴露思维过程。教师要经常把自己置于困境中，然后展现从困境中走出来的过程，让学生看到教师的思维过程。

制造"矛盾"是激发学生思维的很好的手段，能快速吸引学生积极参与探究，鼓励学生发表看法，同时暴露学生的思维。

（二）创设问题情境，激发学生思维

通过精心设计，有意创造动人的情境，设置诱人的悬念，激发学生思维的火花和求知的欲望。经常指导学生运用已学的数学知识和方法解释自己所熟悉的实际问题。新教材中安排的"想一想""读一读"不仅能扩大知识面，还能提高学生的学习兴趣，是比较受欢迎的内容。教师要创造条件让学生乐于思考。

（三）训练发散思维，开阔学生思维

从多方面思考问题。教师要善于选择具体题例，创设问题情境，精心诱导学生的求异意识。对于学生在思维过程中时不时出现的求异因素要及时予以肯定和热情表扬，使学生真切体验到自己求异成果的价值。

当学生欲寻异解而不能时，教师则要细心点拨，潜心诱导："还有另解吗？""再从另一个角度分析一下！"激发求异思考。事实证明，只有在这种驱动下，那些相关的基础知识、解题经验才会处于被激发的状态，学生才可能对题中数量做出各种不同形式的重组，逐步形成发散思维能力。

思维方式就是人类看待事物的角度、方式和方法。每个学科都有其独特的思维方式，数学则有"锻炼思维的体操，启迪智慧的钥匙"的美誉。小学阶段主要的思维方式有：猜想、比较、验证、抽象、概括，其中概括是最为核心的。也就是学生要会用数学的眼光观察世界，用数学的思维分析世界，用数学的语言描述世界。通过学习数学，不仅积累数学知识，形成数学能力，还要积累用数学思想方法进行探究的数学活动经验。

形成数学品格，就是要经过数学学习，具备理性、严谨性、逻辑性和实事求是的精神。与其他数学能力相比，数学品格似乎是最难形成的，但是它也是最为核心的。美国著名数学家和教育家R.柯朗、H.罗宾说："数学作为人类智慧的一种表达方式，反映生动活泼的意念、深入细致的思考，以及完美和谐的愿望。它的基础是逻辑和知觉、分析和推进、共性与个性。"日本著名学者米山国藏说："作为知识的数学出校门不到两年就忘记了，唯有深深铭记在头脑中的数学精神、数学的思想、研究方法和着眼点等，随时随地地发生作用，使人终身受益。"由此可见，数学品格的形成恰恰依托于数学思想。

第二节　反思，让学生从解决问题到增强能力

解决问题是数学教学中的重要内容。一般来说，解题的规范由审题规范、语言表达规范、答案规范及解题后的反思等要素组成，其中，解题后的反思是指解题之后对之前的审题过程、解题方法及解题所涉及知识的回顾与思考。解题后让学生反思，能有效地深化学生对所学知识的理解，并促进学生良好思维品质的养成，从而提升学生的数学思维能力，让学生的思维具有更强的深刻性、全面性和创新性，提升学生的数学学科素养。

一、反思数学题目特征，让思维具有深刻性

思维的深刻性是指思维的抽象程度与逻辑水平以及思维活动的深度。对学生的思维是否具有深刻性的判断主要看能否对问题进行深入钻研与思考，是否善于把握复杂事物的本质。如果学生在解题之后经常反思问题的

特征，就可以加深对问题本质的领悟，构建起良好的认知结构，有助于培养思维的深刻性，从而促进知识的正向迁移。

以整理知识脉络为例。我们在解题教学中，一般会精心挑选例题，选择既涉及知识点多、知识面覆盖广、有广泛的关联性，又具有一题多解、一题多变等功能的问题，并借助对题目的变形或延伸，使学生对这类题型的内涵与特征以及解答技巧有较为深刻的理解，从而达到增强其思维深刻性的目的。

比如，在学习"真分数和假分数"时，可以在学生已基本掌握真假分数的意义之后，让学生解决这样一个问题：$\frac{y}{x}$ 是一个真分数还是假分数？在经过自主思考、解题之后，便可引导学生进行初步的反思，归纳得出该题目的特征是 x、y 都不是确定的数，所以无法确定 $\frac{y}{x}$ 是真分数还是假分数，当 $y<x$ 时，$\frac{y}{x}$ 为真分数；当 $y \geq x$ 时，$\frac{y}{x}$ 是假分数。之后，教师还可以反问："这里的 x、y 可以是任意数吗？你认为它们分别应该是什么样的数？"通过两次反思，学生对真假分数的内涵与外延有了更深刻的理解，由表及里的逻辑思维能力得到了提高。

二、反思学生解题思路，让思维具有全面性

思维的全面性是指思维活动所产生作用的范围和程度。学生的思维是否具有全面性表现为能否全面地分析问题，多向思维、多方位、多角度地思考问题。如果学生在解题之后能自觉对问题解决思路中的异同及蕴含关系重新进行分析，学会运用不同的策略处理和解决问题，将有助于其思维广阔性的培养。

以转变解题角度为例。在教小数除法的计算时，笔者让学生估算下面

各题得数是否正确。

3.4÷2.5=1.36，5.13÷1.5=5.42，0.735÷0.75=0.98，5.67÷0.54=5.5。

解题之后，让学生及时反馈，说说自己的思路。当学生得出可以把商与除数先看成最接近的一个整数后相乘，以乘得的积与被除数的大小比较来估算时，笔者又让他们进行反思："你们觉得还有其他估算方法吗？"接着，学生的思维更加活跃了，又得出"根据除数如果小于（或大于）1，商就大于（或小于）被除数，可以直接比较商与被除数的大小"这一方法。

在解题教学中，紧紧围绕问题提供的条件和结论之间的关系，从多角度、多方面思考问题，进而揭示沟通问题内部联系的纽带，学生的思维就会更加广阔、更加活跃。

三、反思解题结论，让思维独具创新性

思维的创新性是指在思维过程中，能独立思考创造出有价值的、具有新颖性成分的智力品质。学生的思维是否具有创新性，主要表现为思考问题、解决问题时采用的方法是否具有新颖性、独特性，是否别出心裁。我们要引导学生对问题的结论进行反思和总结，思考问题是否可以进行变换与延伸，在保持条件不变的情况下，是否可以变换出其他结论等，培养学生思维的创新性。

以鼓励归纳猜想为例。在学习了"长方形和正方形的周长"之后，可以让学生解决这样一个问题：有一根铁丝正好可以围成一个边长为7厘米的正方形，现在如果要改围成一个长10厘米的长方形，则长方形的宽应该是几厘米？让学生进行独立思考，与同桌交流，探索解题方法。学生在汇报反馈时说出了两种方法：（7×4-10×2）÷2，7×4÷2-10。教师借助

这两种解法，引导学生进行反思：为什么可以这样做？你还能用其他的方法来解答吗？在反思过程中，学生们又想出了"7×2-10"和"7-（10-7）"的解法，在学生说出自己的理由之后，教师又让学生继续反思："你认为哪种方法更简便？哪一种方法最容易想到？"

通过多次反思，充分展示学生解决问题的思维过程，指导学生利用已有的知识经验进行探索，让学生的思考方法经历打磨之后得到优化，在优化方法的过程中领悟数学思想的本质。

四、反思学生解题过程，让思维具有自我批判性

思维的自我批判性是指思维活动中学习主体善于不断地自主思维并细心地检查思维过程这一思维品质。对于学生来说，思维具有自我批判性主要表现为，不迷信书本知识，不盲从教师、专家的话，能独立进行思考，善于提出和解决问题，并发现、纠正自己或同学在解题过程中出现的错误，在解决问题的过程中不断总结经验，进行回顾反思。

以"一念之差"为例。在解决问题的过程中，学生们常常因自己的"一念之差"造成解题错误，教师可以让学生练习解答一些迷惑性较强的问题，使学生在"误入歧途"之后，明白为何会进入"陷阱"，促进学生批判性思维品质的发展。

比如，学生在学习了加法运算定律和乘法运算定律之后，进入简便运算的学习，对"50+50×8、2000÷125×8"等算式的运算，往往会直接采用简便方法计算，而遗忘了对运算顺序的考虑，导致计算时只顾先凑整的典型错误。这时，教师一定要及时引导学生进行反思："这一算式究竟能否用简便运算进行计算？它符合哪条运算定律？为什么计算会出错？"学生就在"落入"和"走出"误区的过程中，吸收了正确的知识，增强了"防御"能力。

总之，小学生在解决数学问题之后进行反思，是提高数学学科素养的有效途径。有了反思要求，我们就会摒弃一味强调机械、重复训练解题技巧的盲目要求；有了反思，学生就会既见树木，又见森林，就会把解决数学问题的过程变成思维训练的过程，做到乐思、巧思、善思，真正成为学习的主人。

教育故事 "创造小数"带来的快乐

小数的概念是数学中最基本的概念之一。它是在人类生活和生产的实际中逐步形成和发展起来的，也是人类文化的伟大创造之一。理解小数是对数域的又一次拓展，第一阶段是初步认识，重在理解、感悟，第二阶段是进一步学习掌握小数的基本概念。

关于小数的意义，常规课堂上大多重视基础知识和基本技能的训练。如何在课堂上更好地体现数学的基本思想和活动经验？学生是否真正理解了小数的意义？

"谁能利用老师的材料，表示出0.3？"（见图4-1）

图4-1

学生们一脸疑惑，继而埋头思考起来。过了一会儿，同学们或涂色或画阴影，顺利表示出答案。学生们用手高举着正确答案，其实考验才刚刚开始。

老师拿出一张正方形白纸，问："你们能利用自己手中的白纸表示出小数0.4吗？"

听到这里，学生们跃跃欲试，有的小声交流，有的埋头沉思，有的动笔画起来，有的动手折起来，就连平常最爱动的孩子也皱着眉头看着手中的正方形白纸，所有的同学都在动手操作寻找答案。

学生真正理解小数的意义了吗？有的借用直尺将白纸平均分成了10份；有的用折纸的方法将白纸平均分成10份，并用颜色或阴影表示出了其中的4份。有趣的是有的同学连续涂了4部分颜色，有的同学别出心裁地跳着涂了4部分颜色，还有的同学无规律地涂了4部分颜色。

老师继续提高难度："自己心里想一个小数，在刚才的学具上表示出来，并说出自己的想法。"

学生们的兴趣愈加浓厚，不到一分钟的时间，小手举得高高的，争先恐后地汇报自己的成果。

"我想的小数是0.7，把这张纸平均分成10份，涂色的部分是7份，用小数表示就是0.7。"

"我想的小数是0.9，把这张纸平均分成10份，涂色的部分是9份，用小数表示就是0.9。"

……

同学们动脑思考，动手操作，利用手中的学具，创造了一个又一个小数。创造小数的过程，也就是理解小数意义的过程。

"刚刚你们创造了一位小数，能否创造出两位小数或三位小数呢？"

学生的思维在跳跃，学生的操作在继续……

华罗庚曾说："数缺形时少直观，形少数时难入微。"创造小数的过程，正体现了数形结合思想，给学生带来了快乐。

第三节　帮学生建立起被忽略的"数学应用意识"

数学是一门实践应用性较强的学科，要特别注重培养小学生的数学应用能力。换言之，就是要在小学数学教学中紧扣学科核心素养，培养孩子的数学素养，让学生明白学习不是为了获得高分，而是学以致用，用数学方法观察、分析和解决实际生活中遇到的问题，促进思维能力、学习能力的提高。如何在小学数学教学中培养学生的应用能力，是当前小学数学教学关注的焦点。

数学及其应用曾是我国古代最发达的传统科学之一。以实用性和问题解决为特征的中国古代数学曾处于世界领先地位达千余年之久。但受应试教育影响，师生忽略了"数学应用意识"。近年来，随着数学的应用越来越广泛，数学课程中强化数学应用的意识已成为发达国家的共识。《义务教育数学课程标准》明确规定："要使学生受到把实际问题抽象成数学问题的训练，形成应用数学的意识。"重视数学应用，标志着我们的数学教育进一步走向世界、走向未来。

如何培养学生运用数学知识解决实际问题的能力一直是我国小学数学教学改革的一个重要课题。纵观世界数学教学改革的发展趋势，强调数学与现实生活的联系已成为各个国家课程内容改革的方向。加强数学与现实世界的联系，将数学知识应用于实践，不仅可以发展学生的数学思维，培养学生的实际应用能力，还使学生在应用知识的过程中感到数学与自身价值的存在，从而增强学习数学的兴趣，真正体现学生的主体地位。那么，如何在小学数学教学中培养学生应用数学知识于实际的意识呢？

教育故事 50.7% 到底表示什么呢?

百分数是率,不是量。这对于孩子来说是重点,也是难点。让学生课前搜集许多生活中的百分数更有利于他们理解抽象概念。

上课了,同学们纷纷拿出自己搜集到的资料,想在课上进行展示。

孙星是同学中表现最积极的一个。这是一个高个子的男孩子,平时活泼好动,他最喜欢的运动就是打篮球,当然对姚明、易建联这些国内的篮球明星就更痴迷。还没点名叫他,他就按捺不住站了起来。

"老师,我昨天特意从网上收集到这样一条信息:易建联在2008年投球的命中率是50.7%。"

"很好!"孙星说的这个百分数被书写在了黑板上。

"你知道50.7%表示什么意思吗?"

这个问题突然被提出来,让孙星感觉有些措手不及,他稍稍停顿了一下,然后皱着眉头,支支吾吾地回答说:"我觉得50.7%表示易建联投了100个球,进了50.7个球。"

这时,教室里发出一片哄笑。

教师在这个时候不要急于评价孩子的答案到底是对还是错。

"有哪位同学补充?"

这时,有学生马上站起来说:"孙星,你说得不对!怎么能有0.7个球呢?我觉得应该表示易建联大约进了50个球。"

"不对!不对!"又有小手高高地举起来,"用四舍五入法,易建联投了100个球,大约进了51个球。"

这个问题一时把所有的孩子都难住了,学生面面相觑,一时间陷入了困境。

"你们想一想易建联在这一年中是不是只投了100个球呢?"

一些聪明的孩子似乎悟到了什么，马上举手回答："我知道。50.7%表示易建联如果投了1000个球，进了507个球。"

"对呀！"

"没错！"

孩子们又兴奋起来，他们觉得0.7个球的问题似乎已经得到了解决，一个个小脸上都露出了微笑。

"大家想一想2008年易建联是不是只投了100个球或1000个球呢？"

学生们异口同声地说："肯定不是！"

"那么命中率50.7%这个数是怎么得到的呢？"

思量片刻之后，孩子们豁然开朗，纷纷举起了小手。

这次还是孙星回答，他充满自信地说："我知道了，命中率50.7%不是易建联投了100个球，进了50.7个球。我觉得这个数应该是易建联2008年中球的个数除以投球的总数得到的。"

问题的答案终于浮出水面。

课上作出的第一个回答，反映出孩子们对百分数意义的了解还处在低水平，教师马上意识到这是一个非常有价值的课堂生成资源，及时调整了教学预设，将这个有价值的信息纳入教学环节，放慢了教学速度，抓住学生的认知冲突，通过不断追问，引导学生争论、释疑，最终达成了共识——50.7%只表示中球的个数和投球的个数的比例关系，不表示具体的数量，学生对百分数意义的理解自然就形成了。

一个有效的追问成就了一堂别开生面的数学课，教师既为学生排忧解难，又将学生的思维引向更深层次，促进了学生的思维发展。

有效的课堂教学是每位教师追求的目标，而有效追问是让我们在一堂课上达到有效教学的重要教学手段和方式，这就需要教师做一个善于追问的提问者。追问从字面上理解是对某一内容或某一问题，在一问之后又再次提问,穷追不舍,直到得到正确解答为止。而教师在实际针对学生的回答进行追问时,"还有吗"这样简单的追问会使课堂的教学效率大打折扣;反之,教师巧妙、适时、有效的追问则可以使课堂妙趣横生,化平淡为神奇,更好地提升学生的数学素养。

数学源于生活,又服务于生活,应用于生活。以往的教材专门安排了数学应用题来加强数学与生活的联系,但是适得其反,应用题教学出现了"教师难教,学生怕学"的现象,学习的效果也不理想。究其原因,是以往应用题的取材比较注重培养学生的认知技能和逻辑思维能力,而忽视了学生自身的生活经验和知识本身的现实意义。

现行教材注重数学的应用性,那么,要如何把握数学的应用性呢?

加强数学应用性教学研究不仅要教师把原有教材中不切合学生实际的应用题换成学生熟悉的问题,还要求教师有一种整体的思维,以数学的知识为载体,灵活处理教材,创造性地应用教材,使教材走近学生,把应用的意识贯穿学生的整个知识体系中。在解决问题的过程中,教师要善于组织、提炼学生熟悉的问题作为数学教学的活教材,使学习的材料具有丰富的现实背景,增加信息量,鼓励学生多角度思考问题,运用多种策略解决问题,促进学生全面发展。

一、形成"数学是有用的"的思想

数学以实践为源头,又以实践为终结,数学社会化、社会数学化的趋势使得"大众数学"的口号几乎席卷了整个世界。有人认为,未来的工作岗位是为已做好了数学准备的人提供的。

这里所说的"已做好了数学准备"绝不仅指懂得了数学知识理论,还指学会数学思考,学会灵活运用数学知识解决现实问题。

西方国家对培养学生的应用能力尤为重视，英国国家课程将成绩目标分为五大板块，其中"运用和应用数学"居首且贯穿整个数学课程，成为其他四项目标的灵魂和核心。美国则明确提出"课堂不应脱离现实世界，数学教育必须强调数学应用能力的培养"。

我们的数学教学，要让孩子们认识到现实生活中蕴含着大量的数学信息，数学在现实世界中有着广泛的应用，让学生面对实际问题时，能主动尝试从数学的角度运用所学知识和方法寻求解决问题的策略；面对新的数学知识时，能主动地寻找相关的实际问题，并探索其应用价值。

数学本身是一门内容抽象而枯燥的学科，如何把枯燥乏味的数学变得有趣，把"要学生学数学"变成"学生自己要学数学"，是我们面临的重大课题。

兴趣是一种无形的力量，是学好数学的保证。如果能使每一名学生都怀着极大的兴趣渴望知道数学的魅力何在，作用有多大，我们的数学教学将变得更有意义。成立数学兴趣小组是激发学生学习数学的兴趣、培养数学应用能力、提高数学教学质量的很好的形式，在教学实践中采取灵活多样、生动有效的方式，把数学是有用的、有用在哪些方面等内容通过不同主题的活动进行展示，针对学生心理特点联系所学教材进行相关内容背景介绍，将学生在实际生活中遇到的问题引入活动，全方位介绍数学，形成将现实问题数学化的习惯，取得了很好的效果。

压岁钱存入银行后利息如何计算，如何合理使用每月零花钱，家中电话费的交付情况，家庭住房面积如何测量计算等，让学生亲自寻找实际问题并构建数学模型进行解决。兴趣小组的自主学习合作、探究活动使学生了解数学是多么神奇和有用，让他们不由自主地对数学产生浓厚的兴趣，产生想要进一步揭开数学神秘面纱的愿望。

教育故事 课程原来可以如此简单

还在一线做数学老师的时候，记得有一次音乐老师临时有急事，作为班主任的我只能先代一节课了。

这节课不在我当天的教学计划之内。没有计划，那该干些什么呢？我下意识地翻看着数学教科书，大脑高速运转着："明天该讲'认识人民币'了（用两位小数表示的以元为单位的商品价格），要不今天先接着往下讲？可是课件还没做呢，照片也没拍呢！怎么办呢？"不经意间，数学书被合上了，我偶然间看到了数学书后的标价。

"对啊，学生不是都有书吗？书后不就有标价吗？还拍什么照片，做什么课件啊！"当时，我就决定上新课。

上课铃响后，我对学生说明了情况，然后拿出准备好的数学教科书。"谁知道这本数学书多少钱？"

孩子们听了我的问话，有的瞎猜起来："10元！""太贵了！6元。""7.05元，书后面写着呢！"很多学生听了这话，目光一下子聚焦过去，接下来就是哗哗的翻书声。

"嗯，对，是7.05元。"更多的人附和着。

"那这7.05元，到底是多少钱呢？"

学生听了问题，小声交流了一下，马上就有同学举手示意："7.05元，就是7元5分。"

其他学生也表示赞同，还有同学补充说："那个点前面就表示有几元，点后面就表示有几角和几分。"大家听了也表示赞同。

"我们的语文书又是多少钱呢？"

这次没有一个学生瞎猜，都开始翻书，不到半分钟，就争相回答："6.75元！""就是6元7角5分。"

"老师，我还知道我们的英语书是5元。"

学生听了，连忙拿出英语书来验证："对，就是5元！""没有角也没有分！"

受到这个学生的启发，其他同学也纷纷开始从书包里找书："老师，《黄冈练习册》是……""我的作文书是……"不一会儿，几乎所有能找到的书就都被报过定价了。

原来这类课也可以上得如此简单，老师不费吹灰之力，学生兴致高涨，根本不用老师提醒"认真听讲""积极思考"。

课标中曾谈到"数学课程应从学生熟悉的现实生活开始和结束"，我们也常把"生活中的数学"挂在嘴边，但在实际教学过程中，我们又能真正做到什么程度呢？其实很多时候似乎是在做无用功，老师累，学生更累，而效果又怎样呢？

二、建立整体的观念，在不同教学内容中体现数学应用性

在教学中，我们首先要整合现有教材的内容，改变现在学计算时只练习加、减、乘、除运算，学习概念、定理时只要求学生记住它们的意义，在学习几何知识时只重视培养学生的空间观念的教育现状，选择合适的现实生活材料，使学生产生亲切感，让他们认识到现实生活中蕴含着大量的数学信息，数学在现实世界中有着广泛的应用，激发学生学习数学的兴趣。其次，要通过激化数学知识的学习与应用之间的矛盾，促使学生面对问题，主动想办法收集信息、处理信息并运用数学的思维方式多角度地解决问题。

例如，学完百以内的加减法计算后，引导学生结合实际说说现实生活中遇到的哪些问题会用到这方面的知识，或者给学生设置一个生活情境，

如去超市购物。学生在生活情境中不但能体验数学知识的运用，还能体验生活经验的应用，使计算教学活动更富有生机和活力。

又如，乘法分配律比较难懂，但如果和生活问题相结合，学生就会感到比较容易理解，学起来就会感到轻松。例如，在教学时可以先提问："妈妈买每包有6粒的、每包有8粒的糖各3包，妈妈一共买了多少粒糖？"这个问题有两种不同的解法：$6×3+8×3$、$（6+8）×3$。可以让学生初步认识方法不同结果却相同的事实。同样，教学分数意义后，我们可以设计这样的一组题（先让学生找一找谁是单位"1"，再回答）："是学校人数的____，是全县人口的____，是全国人口的____，是全世界人口的____"，"如果全中国有14亿人，它的____是多少？全中国有14亿人，全世界约有____人？"学生虽然还没有学过分数乘除法的计算，但由于题目源于生活，学生容易理解，也能正确解答。

三、改变应用题设置与解答模式，增强其开放性

在传统的教学环境下，应用题的设置模式呆板，解题模式程序化、机械化，要求学生严格按照统一规范的模式解答，而现在的教育要求以学生的发展为本，促进学生的和谐发展，因此，我们要改变过去单一的教学素材呈现模式，开发和利用生活资源，积极应用于数学教学，增强课堂教学的开放性。

（一）呈现方式多样化

应用题不应只作为一种数学题型用来锻炼学生的逻辑思维能力，而应更多地成为学生应用数学的载体，成为学生实现自我发展的平台。这就要求教师不要拘泥于形式，要灵活处理学习材料的选择与呈现方式。教师要注重学习材料与生活的关联性和学生已有的知识经验，并尽可能设计与新

知识联系密切的数学问题，尽可能增加信息量，尽可能使每个学生都成为信息提供的主体，改变以往学生以等待信息输入为主的被动学习形式，使学生成为信息的采集者和提供者，让他们积极主动地参与学习。

（1）拼搭式的呈现方式

教师在教学时可以给学生提供一些熟悉的条件让学生进行搭配，促使学生积极主动地探索。例如，教学"求剩余"为基本数量关系的两步计算应用题，可以提供下列条件：一瓶药有30粒；平均每天吃6粒；吃了4天；吃了24粒。让学生选择其中的合适条件提出问题，学生大胆地提出了以下问题：①一瓶药原来有30粒，吃了24粒，还剩多少粒？②平均每天吃6粒，吃了4天，吃了多少粒？③一瓶药原来有30粒，平均每天吃6粒，可以吃多少天？④平均每天吃6粒，吃了24粒，吃了多少天？⑤吃了24粒，吃了4天，平均每天吃多少粒？⑥一瓶药原来有30粒，每天吃6粒，吃了4天，还剩多少粒？再让学生回答这些应用题。①~⑤题都是一步计算的应用题，学生能很快回答，但第⑥题有一定的难度，这是本节课将要探索的知识，大多数学生暂时感到困惑。心理学实验表明："一个人只要体验一次成功的欣慰，便会激起多次追求成功的欲望。"这样开放性的呈现方式，既联系了与新知识密切相关的旧知识，又使学生在取得成功的基础上产生继续探究的愿望。

教师提供的信息可以是文字信息，也可以和统计知识相结合，如分数（百分数）应用题的复习整理可以这样设计：

有一幢单元房每平方米房价3500元，小明家想购买120平方米的房子，可能要花多少钱？

一楼	二楼	三楼	四楼	五楼	六楼	七楼
减 5%	均价	加 12%	加 12%	加 5%	减 5%	减 15%

采用这种方式教学应用题，使学生始终处于不断收集、不断更新、不

断积累建构的动态过程中，学生通过对学习材料进行研究，不仅达到解题的目的，还更加关心身边的事物，学会用数学的眼光去看待生活。

（2）填充式（残缺型）的呈现方式

教师选择合适的内容提供不完整的信息，要求学生参与提供信息或问题，促使学生积极主动地投入学习。例如，在教学列方程解应用题时，教师先讲大头儿子今年7岁，然后提供一个信息，小头爸爸的年龄是大头儿子的4倍多3岁，提问小头爸爸今年多少岁。在此基础上让学生把自己的年龄写下来，提供与"小头爸爸的年龄是大头儿子的4倍多3岁"相类似的信息，让学生们一起算一算这位同学的年龄，使学生觉得很有意思，从而主动地探索新知。又如，结合学生生活实际，让学生体验常见的数量关系时（如归一应用题），教师利用同学们在节日互赠贺卡这一生活题材，提出这样一个问题："小明买了3张同样的卡片用了12元，你想到什么？"同学们根据自己的经历提出了许多问题："小明买的卡片送给哪几位同学？""平均每张卡片多少钱？""买8张卡片多少钱？""有24元钱，可以买几张卡片？"教育家第斯多惠说："教学成功的艺术就在于使学生对你所教的东西感兴趣。"这样的教学使学生成为信息的提供者，对学习基础的要求也常常较低，使水平相对较低的学生也能着手解决一些问题，避免出现"依题分析""模仿教学"的现象，使每个学生都能保持较浓厚的兴趣投入学习，使每个学生都能得到发展。

（3）主题活动式

根据学习内容，选取生活中的题材，围绕一个主题让学生进行探索。在一定的情境中，学生兴致盎然地解决一个个问题，在活动中不知不觉地获取知识，同时还拓宽了知识面，了解了数学以外的知识。教学"比多求和、比少求差的两步计算应用题"时，教师先用多媒体设备播放了中国足球队客场战胜阿曼队的录像片剪辑，一下激起了学生学习的兴趣，然后教师通过三个板块来展开教学。探究阶段安排了中国队主客场进球得分的背景材料：中国队在8轮比赛中，客场共踢进4个球，主场比客场多踢进5个球，一共踢进几个球？巩固阶段提供了与中国队同组的各队得分情况的背景材料（由学生自己选择喜欢的球队）和球迷情况的背景材料（不同球队不同球迷人数的比较）。这样组织教学内容，改变了以往"就题解题"的练习形式，情景的延续既使学生的思维集中于数量关系，又使教学过程十分流畅。学生也没有觉得自己在做应用题，极大地调动了学生学习的积极性。这样的学习活动，学生不"头痛"而又实实在在地解决了一个又一个实际问题，让学生体验到了成功解决问题的喜悦。

（二）留给学生思考的余地，提供学生探究的空间

传统应用题教学中往往是这样的场景：

让学生按照"读题—理解题意—线段找出数量关系—解答—检验"的模式进行解题。

这个过程很少给学生提供自主探究的空间，不重视探求不同层次的、不同水平的解答方法，学生只简单模仿，不能形成独立解决实际问题的能力。那么，如何留给学生思考的余地，怎样为学生提供充分探究的空间呢？

教师要转换角色，变数学知识的传授者为数学活动的组织者、引导者、合作者，指导学生获取知识，发现应用知识。例如，提出问题："家友超市有两种卷筒纸，'联华'牌纸质白，6卷一袋，售价8.40元，'洁云'牌纸质柔软，4卷一袋，售价6.20元，如果你去购买，你选择哪一种？"解答这个问题的方式可以是多样的，可以根据品牌选择，也可以根据纸质选择，还可以考虑价格情况。在比较价格时，既可以根据单价进行比较，也可以用12卷（取6和4的公倍数）进行比较。

再如，学习平均数应用题时可以设计这样的问题："四（2）班同学的平均身高为142厘米，到平均水深130厘米的游泳池游泳有没有危险？"这是一道有多种解答方式的题，可以从班级同学身高的角度考虑，也可以从游泳池水深的不同情况考虑，还可以从游泳池的结构（底部倾斜）方面考虑等，使学生在答题过程中感受平均数的魅力。

这样的数学问题有利于不同层次的学生主动参与，为学生提供了想象创造的空间，另外，教师在提供材料（问题）时可以是缺少条件的或者是有多余条件的，问题解决的策略同样是多样的，也应该允许有各种各样的答案，甚至允许"不存在"答案或者无答案的情况。

课例分享 数形结合 魅力无限

数学是研究数量关系和空间形式的科学。新课标在原有"双基"的基础上又明确提出感悟数学思想，积累数学活动经验。数学思想蕴含在数学知识形成、发展和应用的过程中，是数学知识和方法在更高层次上的抽象与概括。在实际的课堂教学中，数学思想不是直接教给学生的，而是让学生通过一个个鲜明的例子慢慢感悟、逐步形成的。

北京出版社版三年级数学教材上册的还原法解题，就是一个很好的例子。

一袋米，第一次用了一半，第二次又用了剩下的一半，第三次用了第二次用后剩下的一半，最后还剩6千克，这袋米原来有多少千克？

这道题在原来一步题的基础上逐步叠加问题，学生的思维受阻，不知如何是好。有聪明的同学想到用画示意图的方法帮助理解，先画出一袋米，分米，再分，再分，理解了题意，借助示意图正确地解答出来。

有的同学同意这种做法，认为这种方法直观，能够帮助理解题意和选择正确的算法；也有的同学提出质疑，"我本来画画就慢，把这道题画出来就得十分钟，太浪费时间了。""有没有更好的方法呢？""把它画简单一些就行了！""把袋子画成一个长方形！""可不可以把袋子画成一条直立着的线段？""放到画不就是画线段图吗？"同学们恍然大悟，用画线段图的方法来解决这个问题。

经过尝试，同学们又找到了更多不同的画法，一种是按题目叙述的顺序逐步画出来，一种是从已知数量入手，根据数量之间的关系逐步画出来，还有的用长方形代表袋子画出示意图。

方法一：

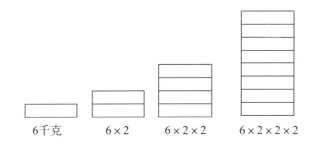

6千克　　6×2　　6×2×2　　6×2×2×2

方法二：

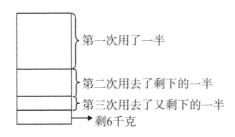

方法三：

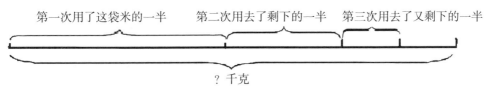

这几种方法开始从整体思考，由整体到部分。

方法四：

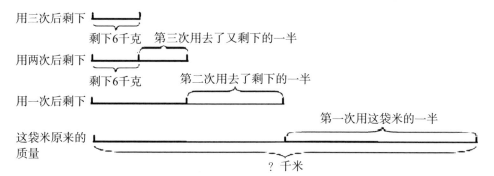

这种方法是从部分开始思考，由部分到整体。

在画图的基础上，学生理解了题意，解决了实际问题。用线段图帮助学生思考问题，把复杂的问题简单化、直观化，数形结合的思想在分析解决实际问题时起到了不可估量的作用。学生在一次次的感悟中习得了方法，在学习的道路上增强了思维能力。

以后学生在解决类似的题目时，就能利用知识迁移解决问题。

在朝阳区的抽测试卷中，有这样一道题：刘大爷有一篮鸡蛋，卖出了全部的一半多2个，还剩16个。这篮鸡蛋原来有多少个？

学生在解答问题的过程中，有画示意图的，有画线段图的，直观地反映出题目中的数量关系，较好地解答了实际问题。

在这次课堂教学中，学生不断地感悟数形结合的思想，从中获得成功的体验，积累数学学习的经验。

四、积极营造民主和谐的教学氛围，引导学生积极参与学习

要使新课标教学的理念在小学数学教学中体现出来，教师必须积极营造民主、开放的教学氛围，使学生产生积极参与学习的意识。

第一，教学时的内容选择要与生活贴近，要从生活中取材，设计与学生生活实际相符的场景，使学生有"想头"，激发学生思考，使学生体会

到学习数学是有用的。

第二，教师要有民主的意识，充分尊重学生。学生是学习的主人，而教师则是学生学习的组织者、引导者和合作者，与学生的地位是平等的，要努力营造学生想说、敢问、敢创新的氛围。

第三，教学形式要多样化，改变以往师生简单一交流的方式，要形成小组内学生与学生的交流、小组与小组之间的交流、小组与教师的交流、个别学生与教师的交流，使每一个学生都有充分发表见解的机会。可以先让学生实践（如先当小营业员）后再组织课堂教学。

第四，教师的评价要有开放性，注重学习知识的过程。"追求事物的过程是幸福的"，教师要积极肯定独立思考、大胆探索、大胆猜测、敢于发表不同见解的同学，要有无错误答案的思想。当然，表扬也要有"度"，不能一味地用激励性的评价，对没有价值或价值不大的想法不能给予过高的评价，否则会失去激励的作用，所以教师要对不同层次、不同水平的解答要恰如其分地进行开放式的评价。

小学数学应用教学要符合学生的认知规律和学习水平，不能为追求情境而设置情境，教师设置的情境应该是有意义的和富有挑战性的，也不能在难、偏、怪上做文章，这对教师提出了更高的要求，需引导得法、收放有度，积极引导学生在愉悦的心情中积极主动地探索，从而培养学生的应用意识，增强实践能力。

要培养学生应用数学知识的意识和能力。首先，教师要更新教育观念，在思想上高度重视。对于运用数学知识解决实际问题，不能简单地认为只是加深对知识的理解和掌握，而要站在数学应用和素质教育的高度来认识。其次，教师在日常教学中要注重把数学知识与实际生活联系起来，使学生感到所学知识是有用的，能解决实际生活中的问题，从而激起他们热爱数学、乐于实践的良好心态。同时，在应用中，要让学生发现所学知识的局限性，懂得灵活运用所学知识。只有这样，才能有效地促进学生数学能力的发展。

第四节　特色课后育人活动探索

学校作为育人的主阵地，不仅要保障教学质量，还要提供特色化、多样化的课后育人活动。北京市朝阳区垂杨柳中心小学馨园分校经过探索，形成了"馨"中有政策、"馨"中有规划、"馨"中有措施、"馨"中有实效的特色课后育人活动实践，并取得了一定实效，受到了广大家长和学生的认可。

2021年5月，中央全面深化改革委员会第十九次会议审议通过《关于进一步减轻义务教育阶段学生作业负担和校外培训负担的意见》，会议指出，"'校内减负、校外增负'现象突出。减轻学生负担，根本之策在于全面提高学校教学质量，做到应教尽教，强化学校教育的主阵地作用"，"要鼓励支持学校开展各种课后育人活动，满足学生的多样化需求。"北京市朝阳区垂杨柳中心小学馨园分校经过探索与实践，取得了一定实效，希望为家长减轻校外培训负担，为满足家长课后育人活动需求提供经验。

一、"馨"中有政策——减负提质，社会需要的实干校园

"课后服务，提质减负"是社会的需要。依据教育部《关于做好中小学生课后服务工作的指导意见》，基于北京市朝阳区基础教育"减负提质"工作的安排和部署，围绕学校"创造幸福教育，享受教育幸福，让生命阳光般灿烂"的办学理念，构建了以数学结合科技为主的多元课程体

系，开展课后服务，培养学生的课堂外数学广泛外延能力，同时帮助家长解决不能按时接送孩子的问题，减轻家长给孩子报课外辅导班的经济负担，进一步增强学校教育服务能力。

垂杨柳中心小学馨园分校有着70余年的建校历史，是全国航空示范学校。馨园分校坚持落实立德树人根本任务，积极回应家长和学生的要求，充分发挥学校场地条件和管理服务的优势，积极为有需要的家庭提供必要的课后服务，不断丰富课后服务供给内容，帮助解决学生家长的实际困难，与课内学习相结合，形成了相互促进的局面。在全体教师学习理解政策精神的基础上，学校加强对教师的培训，提升团队凝聚力和执行力，深入学生群体进行调研，了解学生的实际需求。在此基础上学校制定了课后服务实施方案，突出实践的过程。学校充分发挥一线骨干教师作用，在提高课堂教学效率的前提下，落实课后服务。与此同时，增加了数学学科实践活动，以培养学生对学科的兴趣，促进学生对学科知识和能力的消化，真正实现了课后服务与课上学习的融合，减轻了学生的学业负担。

二、"馨"中有规划——优化资源，学生渴望的多彩课程

学校设计课后服务的总体目标是让每位家长放心，对每位学生负责。面对家长，学校满足家长合理需求，提供高质量的教育服务，不断提升学校公信力。面对学生，学校以课后服务为平台，组织学生参与形式多样的教育教学活动，让学生在校园学习生活中健康快乐地成长，德智体美劳全面发展。学校推进的策略是教师全员参与、场地充分利用、课程精心设计、学生自愿参加。

学校现有教师全员参加课后服务。从2020—2021学年第一学期开始，学校全面启动了课后服务管理工作。全校教师积极响应，成立课后服务工

作领导小组，由校长任组长，中层管理人员任副组长，全体教师为成员，各司其职，各尽其责，使课后服务这一新生事物在摸索中顺利发展，努力帮助家长解决困难，减轻学生的学业负担。课后服务安排在校园内进行，充分利用校内场地资源优势，无偿提供教室、运动场、功能教室等场所，提供一切体育器材、劳动用具等物品。此外，还提供相应后勤保障、安全保障。学校统一管理，为学生的在校学习和健康成长提供了良好条件和服务保障。

基于"双减"精神的服务课程主要包括以下方面。

第一，根据学生的实际需求，学校尝试突出班级科技特色，发挥馨园在数学与航空航天科技结合的独特优势，组织学生参与航空知识的收集整理、舰船模型制作等活动，增强学生对数学在航空科技上的应用的兴趣。

第二，加强了特色学生社团的建设。学校内成立了结合数学知识和科技特色的航模、车模、海模、建筑模型、模拟飞行、无人机、智能模型（机器人）、创新金鹏等30余个高品质社团。社团里有学生团长、辅导员、专家顾问。丰富的社团活动内容与课程选择，大大激发了学生参与实践的兴致。

第三，学生参与的精品社团活动影响力越来越大。个别社团甚至全国知名，杨伟枫模型工作室就是孩子们心中向往、极力争取加入的社团之一。新开设的编程社团每周上2次课，每次课程时长不短于1.5小时，与数学结合的信息化编程也将成为馨园分校接下来加强建设的学科。学校组织学生参与各种竞赛，给学生提供展示的机会和平台。在创新、金鹏、机器人、模型等各大赛事活动中，馨园分校师生荣获了多项奖励。目前，学校一至六年级1086名学生全部参与了15:30—16:30时段的课后服务，实现了全覆盖。16:30—17:30时段，有300余名学生参与，参与率近28%。课后服务发挥了馨园分校在航空航天科技方面的独特优势，增强了学生对学习的兴趣。

三、"馨"中有措施——全面助学，家长喜爱的高效活动

（一）扎实推进，提高课堂效率

课后服务的内容是否告别"托管式"育儿，能否获得辅助学习的效果是家长更为关心的问题。课后服务与课堂教学密切相关，要想真正减轻学生的课业负担和家长的经济负担，就要向课堂要质量，这样才能助力学生健康发展。对常态教学课，采用"重点听课+专题调研"的形式进行"诊断"，主要看教师是否关注教学方式的转变，做到"两关注、三还给"——关注学生的思维品质、关注学生的有效表达，把课堂的时间还给学生、把质疑和评价的权利还给学生、把认知和习得的过程还给学生。在巡视方面，巡视干部每天都会在第一时间向教师反馈学生的闪光点，每月累计评价 5000 字以上，使得对常态教学课的管理扎实有效。为落实"双减"精神，开设数学故事会、快乐绘本等课程，让学生在快乐探究中获得满足，并展示智慧。

（二）课题引领，研究活动内容

学校教师参与多个专项课题，深挖专业理论知识，进行教学设计，开展高效的学习活动。"变教为学理念下小学课堂教学方式研究"积累了大量的研究成果，在课堂中得以应用，实现了对学生倾听与表达的训练，促进了学生思维能力的提升，使原本靠教师讲授的课堂变成了生动活泼的学生展示才能的舞台。"基于数学学科素养的教学方式的实践研究""借助戏剧教学提升小学生学习能力的研究"等课题研究，为减负提质奠定了基础。教师针对学科内容和资源进行有效整合，加强合作交流，利用在一线课堂实践中发现的难点和学生遇到的问题，设计学科实践活动，通过制作学具、生生互助等多种途径增强教学效果，有效提高了学生的学习效

率和兴趣。开展跨学科学习，促进了学生的学科思维发展，加深对学科的理解，提升了学生的综合素质。学校在体、艺、科等学科的教学设计上做了大量融合，通过强化学科与学科、学科与生活的内在联系，根据学生的兴趣爱好，打破班级、年级界线，组织学生开展综合性的实践活动，让学生在实践中陶冶情操。教师深入研究，设计了具有学校特色的专题实践课程，如Scratch编程、五子棋、创意纸模型、废旧品智能设计感应灯等。每个社团都有独具特色的课程，并以自身的独特魅力吸引学生。课后服务的全体化、社团化、特色化，为学生的课后生活增添了亮丽色彩，满足了学生个性化发展的需求，有力地促进了学生的健康成长。

（三）多彩活动，落实育人任务

学校课后服务实践课程还融合了数学与科技教育内容。设计了无接触电梯控制终端、自动感应开盖垃圾桶、自动感应洗手液机等获奖作品。开展了创意飞机制作、大飞机竞距赛、大飞机载物设计征集活动。丰富多彩的课后服务活动促进了学生身心健康发展，实现了育人功能——因材施教，服务全体学生。结合家长的实际需求，学校课后服务的重点是开展答疑辅导。在此项工作中，学校做到了全员、全学科、全参与。工作的基本要求是因材施教，服务全体学生，让每一个孩子都精彩。工作分为两个阶段：第一阶段主要是把基础课程辅导作为全体学生延时服务的重要内容，教师主要在"及时、精准"上用力。语、数、英任课教师轮流辅导，帮助学生尽量在学校完成家庭作业。第二阶段针对学生的个性化发展需求进行课后托管的辅导工作。教师主要在耐心细致上下功夫，包含对薄弱学生学业的面对面细化指导。在答疑辅导方面，学校坚持面向全体学生的原则，不仅帮助学习有困难的学生解决课程学习上的疑难问题，注重对学习方法的指导，还指导学有余力的学生进行拓展提升，开展拓展化阅读，因材辅导，分层提高。

四、"馨"中有实效——遍地开花，师、生、校三方全面发展

实践活动由全体教师参与，覆盖全校学生，既有面向大多数学生的综合实践活动，又有照顾学困生的学科实践活动。这增强了学困生的学习实践兴趣，满足了优等生参与高品质社团及活动、竞赛的需求，使学生增强了自信，在学习中找到了快乐，变得敢想、敢说、敢演、敢辩，这些都是学科实践活动带来的成效。

不仅如此，教师教研活动以及课后学科实践活动的开展，打开了跨学科融合的大门，使教师形成了合力，能够精准备课。在跨学科教研和实践中挖掘学生的非智力因素，使教师的专业水平不断提升。对于课堂教学中遇到的难点，通过在学科实践中制作、使用学具，学生的学习兴趣和自主学习意识增强，逐渐找到了学习的方法，学生间的关系拉近了、主动互助的意识增强了，师生间的互信提升了，教学的实效性也得到了增强。

学校特色工作室开展线上线下多种形式的京津冀乃至全国手拉手校际教师互动、学生互动实践活动，将优质资源辐射到更多有需求的学校和学生，学生间加强了交流，增强了互信和自信。此外，学校以班级为单位调研本班学生所报校外辅导班的情况，了解不同学生的学习需求，并尽量针对学生实际需求提供及时精准的校内课后服务，向家长倡议理性选择课外班，吸引更多的学生参加校内实践活动，从而减轻家长的经济负担，减轻学生的课业负担。

经过一年的探索与实践，学校课后服务工作初见成效。教师与学生共同成长、共同进步，在活动中收获了成功的喜悦。课后服务见成效的同时，我们深知，想要课后服务工作精益求精，还有很长的路要走。学校还需要深入挖掘教育内涵，通过形式多样的教育教学活动和课后实践活动塑

造学生正确的世界观、人生观、价值观，紧紧围绕落实立德树人根本任务，改革教育教学评价方式，深化家校协作，凝聚教育共识，减轻学生负担，减轻家长焦虑，把开展好课后服务工作作为重要工作来抓，切实增强教育服务能力，为学生身心健康成长保驾护航。

把课堂还给学生，最重要的是尊重孩子的天性，而不是有悖人的天性。让孩子行为习惯规范，让孩子的思想自由发展，让"我能行"成为孩子坚定的信念，"三个面向"进课堂，拓宽视野做教育，分享众人智慧，帮助孩子掌握有效的学习方法，重建课堂教学规则，重申教师教学职责，让老师教得轻松，让学生学得快乐，让学习效果显著。

一路研究，一路实践 | 后记

　　科研引领课堂教学一直是我所追求的。学生需要学习什么样的数学，他们喜欢怎样学习数学——这些是我一直思考并努力解决的问题。从模模糊糊地感受到什么是学生喜欢的，有了做好教学的基本条件，一直到研究学生参与探究学习时体现的"思维品质"的问题，逐渐厘清了我要做什么、正在做什么，于是，我独立承担了北京市教育学会管理分会的市级课题"关注学生基础的教学策略的研究"，2010年又继续申报朝阳区教育学会名师工程课题"关注学生个性差异的教学策略的研究"，2018年"基于数学学科素养的教学方式的实践研究"获得批准，且获得专项经费支持。从研究"学生的学习基础到底是什么，怎样有效地知晓学生的学习基础"到"如何根据学生基础设计教学活动""基于学科素养探究合作分享学习"，一路走来，一路实践，我经历着消除一个个困惑的过程，体验着得到答案后的愉悦，更体验着为师之乐。

　　教师的价值一定要在学生的学习成就上体现。我深入课堂教学，能够及时准确地把握教学一线的动态，更科学地策划教学工作。我根据学生的基础和需求设计学习活动，引导孩子们互动交流、探究。学生在课堂上积极主动地动脑、动口、动手，能力得以充分发挥，呈现出教学一体、生动活泼的课堂教学局面。我带着一双欣赏和发现的眼睛去关怀我的学生，捕捉他们身上显现出的每一个闪光点，用真诚炽热的心配上温暖的表情去赞美他们，构建民主、平等的师生关系，营造合作、和谐的课堂气氛，让每个学生都健康、快乐、充分地发展。同伴们常这样感叹："陈老师的学生怎么那么可爱、可塑！"